www.ingramcontent.com/pod-product-compliance
Lightning Source LLC
LaVergne TN
LVHW010827051026
849532LV00007B/2635
* 9 7 8 9 3 6 9 0 8 9 4 9 9 *

اردو ادب و ثقافت : منظر نامے

(تعمیر نیوز ویب پورٹل کے منتخب مضامین)

ادب و ثقافت سیریز: 1

مرتب:

مکرم نیاز

Urdu Adab o Saqafat : manzarnamay - Part-1

by: Mukarram Niyaz

Edition: September '2025

Publisher :

Taemeer Publications LLC (Michigan, USA / Hyderabad, India)

ISBN 978-93-6908-949-9

9 789369 089499

کتاب	:	**اردو ادب و ثقافت : منظر نامے** (حصہ:۱)
مرتب	:	**مکرم نیاز**
صنف	:	غیر افسانوی نثر
ناشر	:	تعمیر پبلی کیشنز (حیدرآباد، انڈیا)
سالِ اشاعت	:	۲۰۲۵ء
صفحات	:	۱۱۰
سرورق ڈیزائن	:	تعمیر ویب ڈیزائن

فہرست

پیش لفظ

ادب، ثقافت اور فہم کا سفر (منظر نامہ:۱)

مکرم نیاز

مطالعہ کی تاریخ پر جب طائرانہ نظر ڈالی جائے تو معلوم ہوگا کہ اس کا سفر تین عظیم، تاریخی و ادب ساز ادوار سے عبارت ہے، جنہوں نے انسانی دل و دماغ کو مسحور کیا اور علم و حکمت کو فروغ دیا۔ سب سے پہلا دور وہ تھا، جب کاغذی صفحات، رسائل اور اخبارات علم و عرفان کے چراغ تھے، جو مدھم روشنی میں انسان کے رب کا راز افشا کرتے تھے۔ یہ زمانہ اپنی سادگی، اپنی اخلاقیات اور خلوص کی یادگار سمجھا گیا، مگر رفتہ رفتہ زمانہ تبدیل ہونے لگا۔

پھر وہ عہدِ طلوع ہوا، جب انٹرنیٹ کا جادو ہر زبان کے قاری پر سایہ فگن ہوا۔ اپنی برق رفتاری اور بے مثال وسعت کے ساتھ، علم و آگاہی کا یہ سمندر گویا ہر قاری کی انگلیوں کی زینت بن گیا۔ ایک کلک سے ایک نئی دنیا، ایک جھلک سے دوسری حقیقت، اور ایک لمحے کا کچھ حصہ، قارئین کو بے پناہ وسیع اور دلکش دنیاؤں کا مسافر بنا گیا۔ دراصل یہ ایسا انقلابِ عظیم تھا، جو علم و شعور سے لبریز اسبابِ زندگی بن گیا۔

تیسری اور سب سے زیادہ حیرت انگیز تبدیلی سوشل میڈیا کی شکل میں نمودار

ہوئی۔ ایک ایسی دنیا، جہاں فاصلے مٹ گئے، اور خیالات و احساسات کی سرائیں، عقل و شعور کے میدان آباد کرنے لگیں۔ ہر فرد، ادارہ، قوم، ایک دوسرے کے قریب، اور ایک دوسرے کے ہم نوا ہو گئے۔ یہ میدان عمل، تعلیم، اصلاح اور سماجی بیداری کے قافلے کا ایسا رہنما باور کیا گیا جو تاریکی کے خلاف علم نور بلند کرتا ہے۔

اسی فضا میں، ۲۰۱۲ء کے اواخر میں 'تعمیر نیوز' کے افق کو روشن کیا گیا، تاکہ اردو ادب و ثقافت کے اس بحرِ بے کنار کو ایک جہانِ تنقید و تصور میں تبدیل کیا جا سکے۔ تیرہ سال کے اس سفر نے یہ باور کرایا ہے کہ اردو زبان کا یگانہ لہجہ، اس کے بلند خیال اور اس کے پیغام، امتزاجِ علم و فن میں ہی زندہ رہ سکتے ہیں۔

اس کتاب میں 'تعمیر نیوز' سے اخذ کردہ ایسے مضامین کو شامل کرنے کی ممکنہ کوشش کی گئی ہے جو اردو ادب و ثقافت کے منفرد و متنوع موضوعات کا احاطہ کرتے ہوئے قاری کی مناسب علمی و سماجی رہنمائی کا فرض بھی انجام دے سکیں۔ یہ کتاب **"اردو ادب و ثقافت: منظر نامے"** کے سلسلے کا پہلا حصہ ہے۔

مکرم نیاز

۱۷/ ستمبر ۲۰۲۵ء

حیدرآباد (تلنگانہ، انڈیا)

۱

انسان کی ذہنی نشو و نما میں مادری زبان کا حصہ

محمد عبدالعزیز سہیل

مادری زبان سے مراد ماں کی زبان ہے یعنی یہ وہ زبان ہے جس میں ایک ماں اپنے بچے کو لوری دیتی ہے اور اسے بولنا سکھاتی ہے۔ مادری زبان جو کہ بچہ اپنے گھر میں بچپن سے سنتا ہے اور وہ اس زبان کو پہلے پہل بولنا سیکھتا ہے اور یہ زبان بچے کو سکھائی نہیں جاتی بلکہ اس زبان کو بچہ اپنے ماں باپ بھائی بہن کی گفتگو کو سن کر خود ہی سیکھ جاتا ہے بچہ کو ہر ماں اپنی زبان میں بات کرنا سکھاتی ہے اچھے اور بری باتوں سے واقف کرواتی ہے۔ تہذیب اور اخلاق اسی زبان میں بچہ کو سکھائے جاتے ہیں اور اپنے اپنے مذاہب کی باتوں کو بتایا جاتا ہے جس کے ذریعہ بچہ آہستہ آہستہ اس زبان کو سیکھتا ہے اور اسی زبان میں سوچتا اور سمجھتا بھی ہے اور ساتھ ہی ساتھ اپنے جذبات اور خیالات اپنی مادری زبان میں ادا کرتا ہے۔ اگر بچے کو ابتدائی تعلیم مادری زبان میں دی جائے تو وہ بڑی آسانی کے ساتھ زبان سیکھ جاتا ہے اور باتیں بھی آسانی سے اس کی سمجھ میں آجاتی ہے اس لئے ماہرین تعلیم اور دانشور لوگوں کا کہنا ہے کہ بچہ کی ابتدائی تعلیم مادری زبان ہی میں ہونی چاہیئے تاکہ بچہ آسانی سے علم سیکھ سکے اور ساتھ ہی ساتھ دیگر زبانوں سے بھی بچہ کو واقف کروایا جائے یا سکھایا جائے۔

ڈاکٹر حسن رضا کے مطابق انسان کی فطرت و جبلت کا جز مادری زبان ہوتی ہے وہ رقمطراز ہیں :

"سند رہے کہ حافظہ اور یادداشت تک رسائی زبان کے وسیلے سے ہوتی ہے اور یہ زبان یقیناً مادری زبان ہوتی ہے۔ ممکن ہے کہ شعور، تحت الشعور کا سفر کرنے والا ذولسان، سہ لسان یا ہمہ لسان ہو مگر اس کا یہ ذہنی سفر مادری زبان کی قیادت میں ہی ہوتا ہے کیونکہ مادری زبان انسان کی فطرت وجبلت کا جزو لانیفک ہوتی ہے البتہ انسان مصلحتاً یا ضرورتاً مادری زبان کے علاوہ دوسری زبانوں کا بھی استعمال ترسیل و اظہار کے لئے کرتا ہے۔" (لاشعور میں مادری زبان کی عمل داری، ماہنامہ اردو دنیا نئی دہلی، جنوری ۲۰۱۳ء ص۲۳)

مادری زبان سے انسان کی فطرت کھلتی بھی ہے اور نکھرتی بھی ہے دنیا کے تقریباً تمام ترقی یافتہ ممالک میں بچہ کی ابتدائی تعلیم کے لئے مادری زبان کو ذریعہ تعلیم لازمی قرار دے رکھا ہے۔ دراصل ماں کی گود بچے کا پہلا مکتب ہوتی ہے اور بچہ اس مکتب کے ذریعہ وہی کچھ سیکھتا ہے جو ایک ماں اپنے بچہ کو سکھاتی ہے اس لئے کہا یہ جاتا ہے کہ مادری زبان انسان کی جبلت کا جز ہوا کرتی ہے۔

انسانی سماج میں مادری زبان کی بہت زیادہ اہمیت ہے وہ فرد واحد سماج کا ایک حصہ ہوتا ہے فرد کے لئے مادری زبان ناگزیر ہے۔ مادری زبان سے متعلق انعام اللہ خاں شروانی لکھتے ہیں :

"مادری زبان وہ زبان ہے جس سے انسان جذباتی طور پر منسلک ہوتا ہے یہ وہ زبان ہے کہ اگر کوئی شخص اس زبان کو چھوڑ کر کسی دوسری زبان کو مادری زبان بنالے تو اس صورت میں وہ ذہنی طور پر تو زندہ رہ سکتا ہے مگر جذباتی لحاظ سے مفلوج، بنجر اور سپاٹ ہو

جائے گا۔"

(مادری زبان کی اہمیت، تدریس زبان اردو، ناشر انجلی گھوش کلکتہ ص ۲۴)

بچہ کی تعلیم و تربیت اور دیگر علوم سائنس وحکمت، فلسفہ، منطق، علوم، سماجیات ومذہبیات کے معاملے میں بھی مادری زبان زیادہ معاون اور کارگر ثابت ہو گی۔ مادری زبان صرف تعلیم ہی کا ذریعہ نہیں بلکہ بچہ کی زندگی اور اس کا مستقبل ہے ایک انسان اپنی مادری زبان سے ہی سماجی، قومی اور انفرادی زندگی کے تقاضوں کی حفاظت کر سکتا ہے۔ کہا یہ جاتا ہے کہ بچہ کا تعلیم حاصل کرنے کیلئے مادری زبان کی حیثیت مسلم ہے۔ لکھنا پڑھنا، سوچنا اور تخلیقی کام انجام دینا دراصل بچہ یہ سب کام اپنی مادری زبان میں آسانی سے کرتا ہے۔

ذہنی نشو ونما اور مادری زبان:۔

دور حاضر میں انسان کی ذہنی نشو و نما کیلئے مادری زبان ایک لازمی عنصر ہے۔ آج نہ صرف امریکہ بلکہ تقریباً تمام ہی ترقی یافتہ ممالک کا نعرہ مادری زبان میں تعلیم دینے کا ہے۔ لیکن افسوس کہ ہم اپنی اولاد کو اپنی مادری زبان میں تعلیم دلوانے کے بجائے انگریزی تعلیم کو ہی بچہ کا مستقبل قرار دیتے ہیں جبکہ بچہ اپنی مادری زبان ہی میں تعلیم حاصل کرتے ہوئے اپنے مقصد کو آسانی سے حاصل کر سکتا ہے چونکہ بچہ مادری زبان میں تعلیم حاصل کرتے ہوئے تمام علوم کو بڑی آسانی سے سمجھتے ہوئے حاصل کرتا ہے۔ آج اس ترقیاتی دور میں سائنس اور ٹکنالوجی کی مدد سے ماہرین دانشور اس بات پر اتفاق کرتے ہیں کہ انسان کی ذہنی نشو ونما صرف اور صرف مادری زبان کے ذریعہ ہی ممکن ہے اور مادری زبان میں تعلیم بچے کو بے شمار ذہنی اور جسمانی امراض سے بچاتی ہے۔ لہٰذا ہمیں چاہئے کہ ہم اپنے بچوں کو ذہنی طور پر اور خصوصی طور پر کسی فن کا ماہر بنانا چاہتے ہیں تو

مادری زبان کو اختیار کرتے ہوئے بے شمار فائدے حاصل کرتے ہوئے اپنے مقصد میں کامیاب ہو سکیں گے۔

انسان کی سب سے پہلی تربیت گاہ ماں کی گود ہوتی ہے بچہ اپنی ماں سے گود میں جو بھی باتیں سیکھتا ہے وہ عمر بھر اس کے ذہن میں پختہ رہتی ہیں اور اس کے اثرات بچے کے ذہن پر نقش ہو کر پختہ ہو جاتے ہیں مادری زبان صرف بولنے تک ہی محدود نہیں ہوتی بلکہ حالات، پس منظر تہذیب اور ثقافت اور ان کی روایات پر محیط ورثہ بھی موجود ہوتا ہے۔ زبان دراصل کسی بھی تہذیب کا سب سے بڑا اظہار ہوتی ہے مادری زبان کی تراکیب انسان کی زبان کے علاقائی پس منظر کا اندازہ لگانے میں ممد و معاون ثابت ہوتی ہیں۔

عالمی سطح پر بچہ کی ابتدائی تعلیم مادری زبان میں دیئے جانے کا انتظام ہوتا ہے جس کی اہم وجہ بچے کے ذہن میں راسخ الفاظ اس کے اور نظام تعلیم کے درمیان ایک آسان عام فہم اور زود اثر تفہیم کا تعلق پیدا کر دیتے ہیں۔ مادری زبان اگر بچے کا ذریعہ تعلیم ہو تو انسانی ارتقاء کے ساتھ ساتھ اس علاقے کی مادری زبان بھی ارتقاء پذیر رہتی ہے۔

اقوام متحدہ نے اپنے چارٹر میں طئے کر دیا ہے کہ بچے کی ابتدائی تعلیم اس کی مادری زبان کے ذریعہ سے بچے کا حق ہے۔ ماہرین تعلیم، تحقیقاتی اداروں اور اہل علم اور دانشوروں نے بچے کو تعلیم دینے کا جو طریقہ بتلایا ہے وہ یہ ہے کہ معلوم سے نامعلوم تک سفر کے اصول کو رہنما بنایا جائے۔ ایک انسان جب اعلیٰ سے اعلیٰ تعلیم حاصل کر لے لیکن جب وہ کسی مسئلہ پر اپنے ذہن کو حرکت دے کر سوچتا پرکھتا اور اپنے خیالات کا اظہار کرتا ہے تو وہ اس وقت صرف اور صرف اپنی مادری زبان کے سہارے ہی یہ کام کرتا ہے۔

لاشعور میں مادری زبان کی کارفرمائی سے متعلق ایک واقعہ کو ڈاکٹر حسن رضا اپنے مضمون میں بیان کرتے ہیں :

"جرمن چانسلر ایڈولف ہٹلر ۱۹۳۶-۴۵ء نے اپنی جاسوسی تنظیم گیسٹاپو بڑے پیمانے پر خواتین کی تقرری کی تھی اور ان جرمن خواتین کو انگریزی زبان اور ثقافت کی خاطر خواہ تربیت دلوائی تھی تاکہ برٹش کے درمیان رہ کر ان کے لائحہ عمل اور دیگر اہم اطلاعات سے وہ ہٹلر کو آگاہ کرتی رہیں۔ برٹش اہل کار اور افسران یہ جان کر بے حد متوحش اور متفکر تھے کہ ہٹلر ان کے ہر اقدام سے قبل ہی واقف کیسے ہو جاتا ہے محکمہ سراغ رسانی کے برٹش سربراہ نے ایک مشکوک خاتون کے امتحان کیلئے یہ لسانی ترکیب نکالی کہ اگر فلاں خاتون واقعی برٹش ہو گی تو مطلوبہ تقریب میں پن چبھانے پر بے ساختہ کوئی انگریزی فجائیہ یا فجائی صوتی علامت نکلے گی کیونکہ شدائد کی کیفیت میں ساری احتیاط دھری کی دھری رہ جاتی ہے اس کا یہ حربہ آزمودہ اور کارگر ثابت ہوا۔ ایک تقریب میں پن چبھوتے ہی اس کے منہ سے بے ساختہ ایک مروجہ جرمن گالی نکل گئی اور وہ گرفتار کر لی گئی یعنی وہ جرمن خاتون مادری زبان کی لاشعور عمل داری سے ہی بے نقاب ہوئی۔"

(لاشعور میں مادری زبان کی عمل داری، اردو دنیا، نئی دہلی ص ۲۳)

اکتساب:۔

اکتساب کے معنی سیکھنا یا آموزش کے ہیں۔ اکتساب ایک ایسا عمل ہے جو ماں کی گود سے گور تک جاری رہتا ہے بچہ بچپن میں جو بھی سیکھتا ہے وہ اپنی مادری زبان ہی میں سیکھتا ہے۔ انسان سماجی حیوان ہے اس کو سماج سے مطابقت اور ہم آہنگی پیدا کرنا ہوتا ہے سماج کی تمام ضروری صلاحیتوں کو اور قابلیتوں، ضرورتوں کو حاصل کرنا ہوتا ہے تاکہ وہ اپنی زندگی کو اطمینان بخش اور پر سکون بنا سکے یہ ہر فرد کی خواہش ہوتی ہے اس کے لئے فرد کو تمام صلاحیتوں کو حاصل کرنا ہوتا ہے۔ حاصل کرنے کا عمل ہی اکتساب کہلاتا ہے۔

مادری زبان سکھانے کے مقاصد:۔

انعام اللہ خاں شیر وانی نے اپنی کتاب تدریس زبان اردو میں مادری زبان سکھانے کے چند مقاصد کو بیان کیا ہے ملاحظہ ہو

(۱) طلباء کو ذہنی اور دماغی طور پر آزاد کرنا۔ مادری زبان کے ذریعہ بچہ اپنی زندگی کے متعلق آزادی سے سوچ سکتا ہے اور اپنے خیالات کو آزادی سے دوسروں تک پہنچا سکتا ہے۔

(۲) تہذیب و تمدن، فنون لطیفہ اور تجارت و صنعت کی طرف بچوں کو مائل کرنا اور ان کی خوب صورتی اور ترقی میں اضافہ و تکمیل۔

(۳) طلباء میں نجی، انفرادی، سماجی اور قومی زندگی سے دلچسپی پیدا کرنا۔

(۴) بولنا، پڑھنا، لکھنا، تحریر و تقریر میں صلاحیت، قواعد پر عبور، زبان میں سلاست و سادگی، قوت مشاہدہ، فکر و نظر کی نشو و نما اور خیالات کا بہتر اظہار۔

(۵) ایک اچھا شہری بنانے کے علاوہ عمدہ لیڈر شپ کی تربیت اور انفرادی صلاحیتوں کا مالک بنانا۔

مادری زبان کی اہمیت و افادیت پر روشنی ڈالتے ہوئے پروفیسر محسن عثمانی رقمطراز ہیں :

"دنیا بھر کے ماہرین تعلیم اس بات پر متفق ہیں کہ بنیادی تعلیم مادری زبان میں دی جانی چاہیئے دنیا کے ہر ملک میں مادری زبان کو ذریعہ تعلیم بنانا ایک فطری اصول سمجھا گیا ہے اور غیر ملکی اور اجنبی اور غیر مادری زبان کے ذریعہ ابتدائی تعلیم کے حصول کو غیر فطری غیر ضروری قرار دیا گیا ہے اس وسیع عرصہ کائنات میں ہزاروں قومیں آباد ہیں۔ ایک قوم کی بھی نشان دہی نہیں کی جاسکتی ہے جس نے غیر مادری زبان میں تعلیم کے ذریعہ ترقی اور عروج کی منزلیں طئے کی ہوں۔ مسلمانوں نے تاریخ میں اپنے عروج کے

زمانہ میں دنیا کی بہت سی قوموں کے علوم سیکھے تھے لیکن اس طرح نہیں کہ انہوں نے دوسری قوموں کی زبانوں کی درسگاہیں کھول لی ہوں اور دوسری زبانوں کو اپنا ذریعہ تعلیم بنالیا ہو۔ آج بھی چین میں چینی زبان میں تعلیم دی جاتی ہے۔ انگریزی زبان یا کوئی غیر ملکی زبان کا سیکھنا بہت مفید ہے اور ایک زبان کی حیثیت سے اس کا پڑھنا اور پڑھانا اور اس میں مہارت پیدا کر لینا بہت اچھی بات ہے اور قومی ترقی کیلئے ناگزیر بھی ہے۔"

(اردو کے مسائل، قومی زبان، ڈسمبر / جنوری ۲۰۰۷-۰۸ء حیدرآباد)

نشو و نما:

نشو و نما سے مراد کسی فرد کی صلاحیتوں، اخلاق، آداب اور دلچسپی، رویئے میں تبدیلی کو کہتے ہیں نشو و نما فرد کے پورے جسم میں واقع ہوتی ہے یہ ایک مسلسل عمل ہے جو تاحیات جاری جاری رہتا ہے۔ بچے کی ذہنی نشو و نما کیلئے مادری زبان میں تعلیم دی جانی چاہئے تاکہ بچے آسانی سے علم حاصل کر سکیں اور ساتھ ہی ساتھ ترقی کی منزلیں طئے کرتے ہوئے سماج میں نمایاں مقام حاصل کریں اور ملک اور خاندان کا نام روشن کر سکیں۔

مذکورہ بالا تحریر سے یہ بات واضح ہوتی ہے کہ انسانی ذہنی نشو و نما میں مادری زبان کی اہمیت مسلمہ ہے جس سے انکار نہیں کیا جاسکتا ضرورت اس بات کی ہے کہ ہم اپنی مادری زبان اردو جس کے الفاظ شیریں اور اس کی خاصیت ہر فرد کو گرویدہ کرنے کی ہے، کو اپناتے ہوئے اپنے بچوں کو مادری زبان میں تعلیم دلائیں اور یہ بات ہمیشہ یاد رکھیں کے مادری زبان سے فرار ناممکن ہے کیونکہ مادری زبان سے متعلق ماہرین نے کئی تجربات کئے ہیں اور آخر میں اس بات کو متفقہ طور پر تسلیم کیا ہے کہ بچہ کی ذہنی نشو و نما صرف اور صرف مادری زبان ہی میں ممکن ہے اکیسویں صدی میں ہر فرد کی ترجیح انگریزی زبان

اپنے بچوں کو سکھانے کی ہے لیکن یہ بات ہمیں نہیں بھولنی چاہئے کہ انگریز بھی اپنے بچوں کو مادری زبان ہی میں تعلیم دلواتے ہیں ہمیں چاہئے کہ اپنے بچوں کو مادری زبان اردو میں تعلیم حاصل کرنے کا موقع فراہم کریں ساتھ ہی ساتھ دیگر علوم کو بھی سکھائیں تاکہ دور حاضر کے تقاضوں کی تکمیل ممکن ہو۔

کتنی میٹھی زبان ہے اردو
شان ہندوستان ہے اردو
اردو ہے جس کا نام ہم ہی جانتے ہیں داغؔ
سارے جہاں میں دھوم ہماری زباں کی ہے

The role of mother tongue in human development. Essay: M.A.Azeez Sohail

***

۲

اقبال اور عورت

دانش حسین خاں

'وجودِ زن سے تصویر کائنات میں رنگ'

آج اس دور میں جس کو سائنس اور ٹکنالوجی کا دور کہا جاتا ہے، اس کو عورتوں کی برتری کا دور کہا جاتا ہے۔ اس دور میں جہاں چہار جانب عورتوں کے تعلق سے گفتگو کی جاتی ہے۔ عورتیں ہر مجلس اور ہر ایوان کی موضوعِ گفتگو ہیں۔ تمام مذاہب نے عورتوں کو ایک الگ اہمیت عطا کی ہے۔ عورت جو عفت و پاک دامنی کی مثال ہے وہی عورت آج ہر محفل کی موضوعِ بحث بنی ہوئی ہے۔ آج عورتوں کی حالت بد سے بدتر ہو گئی ہے۔ ایک لڑکی ایک عورت کو اپنی عزت و ناموس کو بچانے کے لیے اپنی جان کی قربانی دینی پڑ رہی ہے۔ وہ عورت جس کے قدموں کے نیچے جنت کی بشارت دی گئی ہے جس کو ایک دیوی کی مانند سمجھا جاتا ہے۔ آج اسی دیوی اور جنت کو اس سماج نے بہت بری طرح روندا اور کچلا ہے۔

میرے مقالے کا عنوان 'اقبال اور عورت' کے تعلق سے ہے۔ اس مقالے میں عورتوں کی آزادی، لباس، پردہ، تہذیب اور تعلیم سے متعلق گفتگو کروں گا اور اس بات کی نشاندہی کروں گا۔ اقبال کا عورتوں کے متعلق کیا نظریہ تھا۔ اقبال کے نزدیک عورت

شروع سے ہی ایک مقدس ہستی رہی ہے، جو محبت ووفا کی دیوی سمجھی جاتی ہے۔ جس نے اپنی پاکیزہ محبت سے عشق کی ایک نئی بنیاد قائم کی اور اسی وجہ سے خدا نے بھی عورت کی ذات میں ساری رنگینیاں، رعنائیاں اور دلفریبی کو سمو دیا ہے۔ لیکن جب اقبال نے اس دنیا میں آنکھیں کھولیں تو وہ انتشار کا دور تھا۔ مغلیہ سلطنت ختم ہو چکی تھی اور مغربیت مشرقیت پر حاوی ہو رہی تھی اور ایک ایسی تہذیب وجود میں آرہی تھی جس میں اخلاقی قدریں پاش پاش ہو رہی تھی۔ اس زمانے کے شاعر و ادیب نے بھی اپنا سارا زور عورتوں پر صرف کر دیا تھا اور ادب اور شاعری میں عورتوں کے خدوخال کو اجاگر کرنے کی ایک نئی بنیاد قائم ہونے لگی تھی۔ لیکن جب اقبال جیسا حساس شاعر اس جانب متوجہ ہوتا ہے تو بے ساختہ کہہ اٹھتا ہے کہ:

ہند کے شاعر و صورت گر و افسانہ نویس
آہ! بیچاروں کے اعصاب پر عورت ہے سوار

عورتوں کی اس عبرت ناک صورت حال کے بارے میں باقر مہدی فرماتے ہیں کہ:

"خود ترقی پسند اور جدید ادیبوں اور شاعروں کی تحریریں عورت کی جذباتی اور معاشرتی کشمکش کو مسخ کر کے پیش کرتی رہی ہیں۔ خواہ وہ راشد کی نظم میں ہم رقص ہو یا مجاز کی "آنچل کو پرچم بنانے والی باغی لڑکی" ہو، عورت کے جسم و ذہن کی اتنی ہی اہمیت ہو جتنی مرد کی، کہیں نظر نہیں آتی۔ اور غزل کی حکمرانی نے عورتوں پر تغزل کے دروازے میں اس طرح بند کیے تھے کہ وہ جانِ غزل تو بن سکتی تھی مگر خود غزل گو نہیں بن سکتی تھی۔"

(بحوالہ: شاعری کی تنقید، ابوالکلام قاسمی، ص:۳۱۸)

عورتوں کے حقوق کے حوالے سے اقبال کا بھی وہی نظریہ ہے جو اسلام کا ہے۔ اور

اسی وجہ سے اقبال نے اپنے کلام میں عورتوں کے حقوق اور ان کی آزادی سے متعلق اپنے نظریات کو پیش کیا ہے۔ اقبال نے اپنی شاعری میں عورت کا مختلف انداز میں بار بار ذکر کیا ہے۔ وہ عورت کا ذکر نہایت عزت واحترام کے ساتھ کرتے ہیں۔ کبھی ماں کی شکل میں، کبھی محبوبہ کی شکل میں، تو کبھی عورت کی جفاکشی اور دلیری پر دادِ تحسین دیتے ہیں تو کبھی اس کی تعلیم و تربیت کی طرف توجہ دلاتے ہیں اور عورت کی عزت و حقانیت کو مرد کا اولین فریضہ بتایا ہے۔ چنانچہ عورتوں کے بارے میں کہتے ہیں کہ:

وجودِ زن سے ہے تصویر کائنات میں رنگ
اُسی کے ساز سے ہے زندگی کا سوزِ دروں
شرف میں بڑھ کے ثریا سے مشتِ خاک اس کی
کہ ہر شَرَف ہے اِسی دُرج کا دُرِ مکنوں
مکالماتِ افلاطوں نہ لکھ سکی، لیکن
اسی کے شعلے سے ٹوٹا شرارِ افلاطوں

عورتوں کی شجاعت و بہادری اور ان کی عزت واحترام کا عکس ہمیں اقبال کے کلام میں جابجا نظر آتا ہے۔ اقبال نے فاطمہ بنت عبد آ کو شجاعت کی مثال کہا ہے۔ جو پہلی جنگ عظیم کے وقت غازیوں کو پانی پلاتے وقت شہید ہوگئی تھیں۔ ان کو امت کی آبرو بتایا ہے اور ان کی شہادت پر فخر کیا ہے۔ چنانچہ فرماتے ہیں کہ:

فاطمہ تو آبروئے امت مرحوم ہے
ذرہ ذرہ تیری مشت خاک کا معصوم ہے
یہ سعادت حور صحرائی تری قسمت میں تھی
غازیائی دین کی سقائی تری قسمت میں تھی

یہ جہاد آ کے رستہ میں بے تیغ و سپر
ہے جسارت آفرین شوقِ شہادت کس قدر
یہ کلی ابھی اس گلستان خزان منظر میں تھی
ایسی چنگاری بھی یارب اپنے خاکستر میں تھی
اپنے صحرا میں بہت آہو ابھی پوشیدہ ہیں
بجلیاں برسے ہوئے بادل میں بھی خوابیدہ ہیں

لہٰذا ان تمام اشعار سے پتہ چلتا ہے کہ اقبال عورت کو نہایت عزت کی نگاہ سے دیکھتا اور اس کو مخاطب کرتا ہے۔ عورت کی نسوانیت پر کسی طرح کی آنچ نہ آنے دینے کی قسم کھاتا ہے اور اس کی بڑائی کی سراہتا ہے۔ کیونکہ عورت کے اس روپ میں اسے اپنی ماں نظر آتی ہے۔ اقبال نے اپنی نظم ماں کے جواب میں ایک ماں کی مامتا، تڑپ، الفت غرض ہر طرح کے جذبوں کو نہایت ہی خوبصورت انداز میں پیش کیا ہے۔ مثال کے طور پر یہ اشعار:

میں سوئی جو اک شب تو دیکھا یہ خواب
بڑھا اور جس سے مرا اضطراب
یہ دیکھا کہ میں جارہی ہوں کہیں
اندھیرا ہے اور راہ ملتی نہیں

اقبال نے عورت کی تعلیم پر بہت زیادہ زور دیا ہے۔ ان کا قول ہے کہ عورتوں کو تعلیم یافتہ ہونا چاہیے۔ کیونکہ ایک عورت سات خاندان کو تعلیم یافتہ کرتی ہے۔ اور وہ ایک عورت ہی ہے جس کے وجود سے قوم بنتی ہے اور اگر عورت ہی تعلیم یافتہ نہیں ہو گی تو وہ پوری قوم تباہ و برباد ہو جائے گی۔ اسی لیے اقبال یہ درخواست کرتا ہے کہ عورتوں کو

تعلیم سے مزین کرو۔ عورت اور تعلیم کے عنوان سے ان کی نظم کے چند اشعار پیش ہیں:

تہذیب فرنگی ہے اگر موت اس وقت
ہے حضرت انساں کے لیے اس کا ثمر موت
جس علم کی تاثیر سے زن ہوتی ہے نازاں
کہتے ہیں اس علم کو اربابِ ہنر موت
بیگانہ رہے دین سے اگر مدرسۂ زن
ہے عشق و محبت کے لیے علم و ہنر موت

لیکن یہاں پر میں اس بات کی بھی نشاندہی کرنا چاہوں گا کہ اقبال عورت کی تعلیم کی طرف اشارہ ضرور کرتے ہیں مگر وہ تعلیم ایسی ہونی چاہیے کہ جس سے شخصیت میں نکھار پیدا ہو۔ ایسا نہ ہو کہ اس تعلیم سے مغربی تہذیب کو اپنایا جائے اور جس سے بے حیائی اور غیر ذمہ داری کو فروغ ملے۔ کیونکہ اقبال خود ایک جگہ فرماتا ہے:

لڑکیاں پڑھ رہی ہیں انگریزی
دیکھ لی قوم نے فلاح کی راہ
یہ تماشا دکھائے گا کیا سین
پردہ اٹھنے کی منتظر ہے نگاہ

یہاں پر انگریزی سے مراد یہ نہیں ہے کہ انگریزی زبان میں کوئی خرابی ہے بلکہ اقبال اس تہذیب و ثقافت کے خلاف ہے، جو اس انگریزی زبان سے وابستہ ہے۔ بلکہ اقبال کا تو یہ ماننا ہے کہ اگر کوئی اَن پڑھ، غیر مہذب، مگر دین دار عورت بچے کی پرورش کرتی ہے اور ایک غیرت مند مسلم وجود میں آجائے تو وہ اس موڈرن، تہذیب یافتہ اور بے دین عورت سے قدرے جہاں بہتر ہے۔ عورتوں کی تعلیم سے اقبال کا یہ ماننا ہے کہ

ایک تعلیم یافتہ عورت سے ایک بہتر سماج کی تشکیل ہونی چاہیے۔ قرآن میں بھی ارشاد ہے:

"ولامتہ موٴمنتہ فیر من مشرکتہ ولوا عجبتکم البقرۃ۔"

یعنی مومن باندی مشرک آزاد عورت سے بہتر ہے خواہ وہ تمھاری نظر میں کتنی ہی پسندیدہ کیوں نہ ہو۔ اس سے یہ پتہ چلتا ہے کہ اقبال دنیاوی تعلیم کے ساتھ ساتھ دینی تعلیم کے بھی حامی ہیں۔ کیونکہ عورت کی تعلیم اگر اسے خاتونِ خانہ کی بجائے شمع انجمن بنائے اور وہ دفتروں، کارخانوں اور ہوٹلوں کی زینت بنے تو اس سے نئے معاشرتی مسائل پیدا ہوں گے۔ اقبال عورتوں کی آزادی کے متعلق بھی اپنا ایک الگ اور پختہ نظریہ رکھتے ہیں۔ آزادی سے مراد اقبال کا ماننا یہ ہے کہ عورت کو سماج میں ہر طرح کی آزادی ملنی چاہیے مگر وہ آزادی ایسی نہ ہو کہ جس سے اپنی تہذیب اور اخلاق میں گراوٹ آجائے۔ یعنی مغربی تہذیب کے زیرِ اثر عورت معاشرے میں جو مقام تلاش کر رہی ہے وہ مشرقی تہذیب کے منافی ہے۔ اور اس سے صرف بربادی وجود میں آتی ہے۔ اس بارے میں علامہ اقبال نے مدراس کی خواتین سے فرمایا تھا:

"آپ نے اپنے لیے ایڈریس میں اسیرانِ قفس کے الفاظ استعمال کیے ہیں۔ ان سے مجھے مغربی عورتوں کی اس تحریک کا خیال ہوا جسے ترکی میں یا اور جگہ یورپ میں (Emacipation)'مردوں کے غلبہ سے آزادی' کے لفظ سے تعبیر کیا جاتا ہے۔۔۔ آپ کو لفظ آزادی پر نہیں جانا چاہیے۔ آزادی کے صحیح مفہوم پر غور کرنا چاہیے، یورپ کی آزادی کو ہم خوب دیکھ چکے ہیں، یورپین تہذیب باہر ہی سے دیکھی جارہی ہے، کبھی اندر سے دیکھی جائے تو رونگٹے کھڑے ہوں۔ بڑھتے ہوئے معیار زندگی کا وہاں لوگوں پر یہ اثر پڑا ہے کہ بعض ماں باپ بچے کی زندگی کا بیمہ کرادیتے ہیں۔ پھر بچے کو تھوڑی خوراک

دے کر ہلاک کر دیا جاتا ہے۔ بچوں کو اسی قسم کی ہلاکت سے بچانے کے لیے یورپ میں کئی سوسائٹیاں مقرر ہیں۔ مسلمانوں کو چاہیے کہ وہ قرآن پڑھیں اور اس کی تعلیم پر غور کریں۔۔۔۔"

لہٰذا ان باتوں سے پتہ چلتا ہے کہ اقبال آزادیٔ نسواں کے پر زور حامی تھے۔ مگر اس آزادی کے خلاف بھی تھے جو مغربیت کے طرز پر ہو۔ اور ایسی آزادی اقبال کی نظروں میں زہر قند کے مترادف ہے۔ چنانچہ فرماتے ہیں:

اس بحث کا کچھ فیصلہ میں کر نہیں سکتا
گو خوب سمجھتا ہوں کہ یہ زہر ہے، وہ قند
کیا فائدہ کچھ کہہ کے بنوں اور بھی معتوب
پہلے ہی خفا مجھ سے ہیں تہذیب کے فرزند
اس راز کو عورت کی بصیرت ہی کرے فاش
مجبور ہیں، معذور ہیں، مردانِ خردمند
کیا چیز ہے آرائش و قیمت میں زیادہ
آزادیٔ نسواں کہ زمرد کا گلوبند!

الغرض ان تمام باتوں سے یہ پتہ چلتا ہے کہ آزادیٔ نسواں کا مطلب یہ ہونا چاہیے کہ اس سے آپ اپنی ذات کی تکمیل کر سکیں۔ اپنی خودی کو اجاگر کریں۔ ورنہ کہیں ایسا نہ ہو کہ مغربیت کی اندھی تقلید کی بنا پر آپ اپنے وجود کو فنا کر دیں۔

ان ساری باتوں کے بعد پردہ کا سوال بھی ذہن میں ابھر کر آتا ہے۔ کیونکہ آج کے اس معاشرے میں یہ لفظ پردہ اپنا وجود کھوتا جا رہا ہے۔ اس لیے علامہ اقبال بھی اس نتیجے پر پہنچے ہیں کہ بے پردگی صرف باعث رسوائی نہیں ہے بلکہ افکار میں پراگندگی وابتری کی

بھی محرک ہے۔ مثال کے طور پر:

رسوا کیا اس دور کو جلوت کی ہوس نے
روشن ہے نگہ آئینہ دل ہے مکدر
بڑھ جاتا ہے جب ذوقِ نظر اپنی حدوں سے
ہو جاتے ہیں افکار پراگندہ و ابتر

لہٰذا ان تمام باتوں کے بعد جب ہم اقبال کا نظریہ عورت کی طرف متوجہ ہوتے ہیں تو ہمیں پتہ چلتا ہے کہ اقبال عورتوں کی حفاظت کے قائل تھے اور ایک ایسے سماج کی تشکیل چاہتے تھے جس میں عورت کو مرد کے دوش بدوش کھڑا کریں، جس کا انھوں نے اپنے کلام میں جابجا اشارہ بھی کیا ہے۔ مگر آج کے اس دور میں سماج کا ایک طبقہ عورتوں کو اپنی ہوس کا نشانہ بنا رہا ہے، ان کی عزت و آبرو سے کھیل رہا ہے، جب کہ اقبال یہ چاہتا تھا کہ مرد عورت کی حفاظت کرے۔ اور عورت کی حفاظت کو اقبال نے مرد کا اولین فریضہ بتایا ہے۔ وہ کہتا ہے کہ چاہے پردہ ہو کہ نہ ہو، چاہے تعلیم پرانی ہو یا نئی ہو لیکن نسوانیت زن کی نگہبانی فقط مرد ہی انجام دے سکتا ہے۔ کیونکہ سماج میں زن دشمن بھیڑیے ہر ہر قدم پر پائے جاتے ہیں جن سے عورت کی عزت و آبرو ہر لمحے خطرے میں رہتی ہے۔ اور اگر اقبال کی اس بات کا تجزیہ ہم قرآن کی روشنی میں کریں تو ہم اس نتیجہ پر پہنچتے ہیں کہ سورۃ النسا میں خدا تعالیٰ کا ارشاد ہے کہ:

"مرد حاکم ہیں عورتوں پر۔ اس سبب سے کہ آ تعالیٰ نے بعضوں کو بعضوں پر فضیلت دی ہے۔ اور اس سبب سے کہ مردوں نے اپنے مال خرچ کیے ہیں، سو جو عورتیں نیک ہیں، اطاعت کرتی ہیں مرد کی۔"

لہٰذا اس بات سے یہ ظاہر ہوتا ہے کہ مردوں کو عورتوں کی حفاظت کرنی چاہیے اور

عورتوں کو بھی چاہیے کہ وہ مردوں کی اطاعت کریں۔ اور عورتوں کو اس بات کی بھی نصیحت کی ہے کہ تو بھی حضرتِ فاطمہ کی سیرت کو اپنا تا کہ تیری گود میں بھی کوئی شبیر جنم لے سکے۔

الغرض ان تمام باتوں پر عمل کرنے سے ہی ایک اچھے اور صحت مند سماج کی تشکیل ہوتی ہے۔ اور آج کے اس دور میں عورت اور مرد دونوں کو برابری کا حق ہے۔ لیکن ہمیں اس بات کا احساس ہونا چاہیے کہ ہماری سرحدیں کہاں تک ہیں۔ بقول اقبال

جس قوم نے اس زندہ حقیقت کو نہ پایا
اس قوم کا خورشید بہت جلد ہوا زرد

Allama Iqbal on woman - Essay: Danish Hussain Khan

* * *

۳

خواجۂ ہند کی دینی و دعوتی فتوحات اور ان کے اسباب

نورین علی حق

خواجہ بزرگ کی جمالیاتی دعوتی و تبلیغی تحریک پورے بر صغیر ایشیا پر سحاب رحمت و رافت بن کر چھاگئی۔ اس سے بلا فرق مراتب سب کو اکتساب فیض کا موقع میسر ہوا۔ زمانہ جانتا ہے کہ تب سے اب تک خواجہ بزرگ کے علاوہ بر صغیر ایشیا میں کوئی ایسی دوسری شخصیت نہ ابھر سکی، جس کی مقبولیت پر غیر منقسم ہندوستان کے عوام وخواص کا اجماع ہو۔

"میں نے اپنی زندگی میں دو ایسے بزرگ دیکھے ہیں، جو اپنی وفات کے بعد بھی لوگوں کے دلوں پر اس طرح حکمرانی کر رہے ہیں، جیسے بہ نفس نفیس ان کے درمیان مو جود ہوں -ان میں سے ایک تو مغلیہ حکمران اورنگ زیب عالم گیر ہے اور دوسرے حضرت خواجہ معین الدین چشتی"

ہندوستان کے عہد غلامی کے برطانوی وائسرائے لارڈ کرزن کے قول کا ایک حصہ زمینی حقائق سے متاثر ہو کر اور دوسرا "لڑاؤ اور حکومت کرو" کی پالیسی کے زیر اثر ادا کیا جانے والا محسوس ہوتا ہے۔

حضرت خواجہ معین الدین حسن سنجری چشتی رحمتہ اللہ علیہ (وفات: ۶۲۷ھ) کے متعلق برطانوی وائے سرائے کا یہ قول آج بھی پوری آب و تاب کے ساتھ زندہ اور توانا ہے، قول کی معنویت و اہمیت وائے سرائے کے الفاظ کے زیر و بم کی وجہ سے نہیں، خواجہ بزرگ کی عملی زندگی، جہد مسلسل، عمل پیہم، دعائے نیم شبی، آہ سحر گاہی اور اسلام کے مقناطیسی احکامات اور اس کی انسانیت نوازی کی مرہون منت ہے، جنہیں خواجہ بزرگ نے اپنے اعمال و افعال اور اقوال و کردار کے ہر بن مو میں رچا اور بسا لیا تھا۔

بعد کے ادوار میں یہاں مسلمانوں کی حکومتیں مستحکم ہوتی چلی گئیں، تحریکات اٹھیں، پر شکوہ عمارتیں تعمیر ہوتی رہیں، دین و سیاست کا علم لے کر اپنے زمانے کے ماہرین علوم و سیاست تیز رفتاری کے ساتھ آگے بڑھتے رہے۔ کتب خانوں میں کتب و تراجم کا انبار لگ گیا۔ علمائے ظواہر کے قیل و قال، سلاطین وقت کی جاہ و حشمت اور ان سے متاثر ہو کر ہندوانہ رنگ میں شرابور ہونے کی داستان درد انگیز دراز ہوتی چلی گئی، شاہی خزانے راگ و رنگ پر خرچ ہوئے، اس کے باوجود ان ادوار میں اسلام کی خاطر خواہ تبلیغ و اشاعت کا نہ اس اسپرٹ (spirit) سے کام ہوا اور نہ ہی منظر نامہ پر اپنی تمام تر دولت اور خزانے کے باوجود وہ سلاطین اور علمائے ظواہر باقی رہے۔ وہ ریت پر گھروندا ثابت ہوئے، جسے بارش کے پانی کا ایک ریلہ بہالے جاتا ہے۔

ہندوستانی عہد غلامی سے انفرادیت کا رجحان بڑھا تو اسلام کی تقسیم در تقسیم کر دی گئی۔ جہاد کے نام پر فساد کیا گیا، مسلمانوں کی سیاسی جماعتیں وجود میں آئیں، اقامت دین ایجنڈا بنا، مختلف اسلامی نام کی تحریکات کے تحت اسلامی لٹریچر کی اشاعت ہوئی۔ مختصر یہ کہ اسلام کے نام پر جتنے بلند بانگ نعرے لگائے گئے برادران وطن کے دلوں میں اسی تیزی سے نفرت و عداوت پھیلتی گئی، یہ تو تحریکوں کا خارجی اثر ہوا اور داخلی طور پر ایک

دوسرے کی پگڑیاں اچھالی گئیں، ایک طبقہ نے کسی خاص شخصیت کی انگریزوں کے ساتھ چند ایک چھوٹی چھوٹی جھڑپوں کو جہاد کا نام دے کر اس کے اور اس کی تحریک کے حسنات واوصاف میں اپنی توانائیوں کے علاوہ ہزاروں کی تعداد میں کاغذ سیاہ کیے تو دوسرے گروہ کے کسی فرد نے ان کے غبارے سے چند جملے کے ذریعہ ہوا نکال دی- مقتدی نے مقتدا کے افکار و نظریات کی دھجیاں اڑادیں اور خودی کے زعم میں مسیحیت و مہدیت کا دعویٰ کر دیا - یہ تمام کھیل اس دور میں ہوتے رہے، جو میڈیا اور گلوبلائزیشن کا دور ہے، جس میں پچھلی صدیوں کی بہ نسبت اسلام کی تشہیر کے زیادہ امکانات ہیں - نتیجہ یہ ہوا کہ نہ خودی ملی نہ خدا ملا اور انفرادی و اجتماعی قوتوں کے باوجود خود سے اپنا شیرازہ منتشر ہوتے دیکھتے ہوئے دنیا سے چلے گئے اور کچھ مزید دیکھنے کے لیے اب تک باقی ہیں -

اس کے برعکس حضرت خواجہ معین الدین چشتی رحمۃ اللہ علیہ اور ان کے خلفا ورفقاے کار کے زمانے میں دنیا اتنی تیز رفتار نہیں تھی، اس دور میں سائبر، انٹرنیٹ، شعبہ نشر واشاعت اور ابلاغ وترسیل بھی نہیں تھا- ان کی عدم موجودگی میں اسلام کی نشرو اشاعت کا اس قدر کام انجام پایا کہ بعد کے ادوار میں اس کی مثال نہیں ملتی -خواجہ بزرگ کی جمالیاتی پہلوؤں سے مملو تحریک پورے برصغیر ایشیا پر سحاب رحمت ورافت بن کر چھاگئی اور اس سے بلا فرق مراتب سب کو اکتساب فیض کا موقع میسر ہوا اور زمانہ جانتا ہے کہ تب سے اب تک خواجہ بزرگ کے علاوہ برصغیر ایشیا میں کوئی ایسی دوسری شخصیت نہ ابھر سکی، جس کی مقبولیت پر غیر منقسم ہندوستان کے عوام و خواص کا اجماع ہوا ہو - ہندو ، مسلمان، سکھ، عیسائی، سلاطین و عوام، عصری و مذہبی طبقات سب کے سب انہیں خراج عقیدت پیش کرتے نظر آتے ہیں، کسی نے شاداں و فرحاں اعتراف کیا تو کسی نے نہ چاہتے ہوئے بھی زمانے کی سر میں سر ملایا کہ اس کے علاوہ ان کے پاس کوئی اور چارہ کار

بھی نہیں تھا-خواجہ بزرگ کے علاوہ لارڈ کرزن کے دوسرے ممدوح بھی خواجہ کے مداحوں میں تھے-

کہا جاتا ہے کہ بزرگان چشتیہ مریض دیکھ کر نسخے کی تشخیص کیا کرتے ہیں-غالباً یہ جملہ حضرت خواجہ اور ان کے رفقائے کار حضرت خواجہ قطب الدین بختیار کاکی، حضرت بابا فرید الدین گنج شکر، حضرت خواجہ نظام الدین اولیا کے طریق دعوت و تبلیغ سے متاثر ہو کر وجود میں آیا ہے اور اس کی حقانیت سے انکار نہیں کیا جاسکتا -۵۶۱ھ میں ہندوستان تشریف آوری کے بعد آپ ہندوستانیوں کی اصلاح اور ان میں روح انسانیت و وحدانیت پھونکنے میں اس قدر مصروف ہوئے اور اسی کو اپنی زندگی کا سرمایہ، آخرت کی فلاح و بہبود تصور کیا اور اپنے خلفا و رفقائے کار کو بھی اس کام میں ایسا لگا دیا کہ آج ہمیں حضرت خواجہ کی مکمل سوانح حیات تک نہیں ملتی یہ اس بات کی دلیل ہے کہ خواجہ ہندوستانیوں کے دلوں میں اپنا قیام نہیں اسلام کا قیام چاہتے تھے، جس کے نتیجہ میں بعد کے بزرگان چشتیہ بھی سوانح نگاری اور آپ بیتی نویسی کی طرف مائل نہیں ہوئے -یہ حضرت خواجہ معین الدین چشتی رحمتہ اللہ علیہ کی صحبت باثر تھی، جس نے ان کے رگ و ریشے میں اس فکر کو راسخ کر دیا تھا کہ اپنی زندگی مستعار کا نصب العین خدا کی رضا اور خوشنودی کے لیے اسلام کی تبلیغ میں خود کو مٹا دینا ہے -جہاں کہیں تکالیف و مصائب اور آلام سے گزرنا پڑا انہوں نے اپنے آبا کی طرح اپنے پائے استقامت میں لرزش نہیں آنے دی -پانی بند کیا گیا، اوباشوں اور لفنگوں کو استہزا کے لیے پیچھے لگایا گیا، سحر و جادو کے ہتھیار بھی آزمائے گئے، الزام تراشیاں کی گئیں، جادو گر کہا گیا، اجمیر چھوڑ کر چلے جانے پر مجبور کیا گیا، زیر دامن کوہ دھمکی بھی کی گئی -یہ واقعات خواجہ صاحب کے ساتھ پہلی مرتبہ رونما نہیں ہو رہے تھے پہلے بھی ان کے آبا کے ساتھ ہو چکے تھے، جس کے شاہد طائف کے میدان

،کوہ صفا کے سنگ، کعبۃ المکرمہ کا احاطہ اور فرات کا ساحل ہے ۔میں اپنی ان باتوں سے خواجہ صاحبؒ کو پیغمبرانہ فریم میں فٹ نہیں کرنا چاہتا بلکہ صرف یہ کہنا چاہتا ہوں کہحضرت خواجہ معین الدین چشتیؒ نے جاں گسل حالات میں اپنی دینی بصیرت و حمیت کا ثبوت دیتے ہوئے اپنی زندگی کے لیے رسول اللہ ﷺ کی مکی زندگی سے روشنی اور توانائی حاصل کی ۔صبر و ثبات کی ریتیلی اور تپتی ہوئی زمین پر کھڑے ہو کر اپنی مکی زندگی کو مدنی زندگی میں تبدیل کرنے کے لیے ہر آن کوشاں رہے ۔انہوں نے ادع الی سبیل ربک بالحکمۃ والموعظۃ الحسنۃ کو اپنا راہ نما تصور کیا ۔انہیں اس بات کا ادراک ہو گیا تھا کہ وہ موسی وقت ہیں اور فرعون وقت کے پاس دین کی دعوت لے کر جانا ہے اور یہ اصول ہے من کان للہ کان اللہ لہ تو خدا کی نصرت و مدد بھی ان کے ساتھ رہی اور وہ لقد کان لکم فی رسول اللہ اسوۃ حسنۃ کو پتوار بنا کر اپنی کشتی کو منزل مقصود کی طرف بڑھاتے رہے ۔خلوت و جلوت ہر جگہ ان کے اعمال یکساں تھے، ان کی بارگاہ میں کسی کو نہ خصوصیت اور نہ عمومیت حاصل تھی، سب کے ساتھ مساویانہ برتاؤ کرتے تھے، چھوٹوں پر پیار، غربا پر انس و محبت نچھاور کیا کرتے تھے ۔theory پر نہیں عملی زندگی (practical life) پر زور دیا کرتے تھے ۔مخلوق خدا کو اس کے باطن میں پوشیدہ اور ظاہر سے نمایاں ہونے والے عقائد کی بنیاد پر وہ نہیں پہچانتے تھے، ان کا نظریہ تھا کہ قوت گویائی رکھنے والی خدائی مخلوق خواہ وہ کتنی ہی گندگیوں میں ملوث ہو ان کی توجہ کی طالب ہے ۔وہ اپنے اس نظریہ کے اظہار کے لیے الیکٹرونک یا پرنٹ میڈیا کا سہارا نہیں لیتے تھے بلکہ وہ خود اذہان و قلوب کی صفائی اور اس کے تزکیہ کا ذریعہ بنتے تھے ۔انہیں کبھی بھی حکومت کو اپنے قبضہ اختیار میں کرنے کی فکر دامن گیر نہیں ہوئی ۔اقامت دین کے لیے قوت کا استعمال نہیں کیا ۔ان کا نظریہ تھا کہ کسی سے تخت و تاج نہ چھینا جائے اسے دین کا گرویدہ بنا دیا

جایے تاکہ اس کے دل میں حکومت کے چھننے کا قلق بھی نہ رہے اور اسلامی امور بھی انجام دیے جا سکیں، جس کی مثال یہ ہے کہ راجہ پتھورا کی شکست و ریخت کے بعد وہ حکومت پر قابض نہیں ہوئے انہوں نے شہاب الدین غوری سے راجہ پتھورا کے بیٹے کے لیے سفارش کی اور اسے اجمیر کی حکومت دے دی گئی -

یہی وہ اسباب ہیں کہ صدیاں گزر جانے کے باوجود آج بھی خواجہ بزرگ ہندوستانیوں کے دلوں پر حکمرانی کر رہے ہیں -اور کتنے ہی مادی حکومتوں کے مالک ور اس کی خواہش میں مختلف مساعی کرنے والے ہندوستانیوں کے اذہان و قلوب سے محو ہو گئے بعض تو متشدد نظریات کی وجہ سے معتوب بھی ہوئے-

Khaja-e-Hind Hazrat Moinuddin Chishti Rh.A -Essay: Noorain Ali Haq

***

۴

نئے ادب کے تار و پود

رشید احمد صدیقی

نئے ادب کے تار و پود کو مد نظر رکھ کر ان مضامین کا جائزہ لیا جائے جو نیا ادب پیش کرتا ہے تو پہلی بات یہ نظر آئے گی کہ نوجوان مرد یا عورت کے سامنے زندگی بحیثیت مجموعی نہیں ہوتی بلکہ اس کا صرف ایک پہلو ہوتا ہے یعنی جنسی اشتہا کی تسکین کیوں کر ہو۔ بقول غالب کہ، اگر نہ ہو تو کہاں جائیں، ہو تو کیوں کر ہو۔ آخر شعر و ادب کا مستقل موضوع جذبے کی تسکین یا نمائش کیوں ہو؟ اس جذبے کا میں قائل ہوں لیکن اس حد تک نہیں کہ اس کو زندگی اور زندگی کی اعلیٰ سرگرمیوں کا بجائے خود ماحصل قرار دے دیا جائے۔ اس جذبے کی ضرورت سے زیادہ اہمیت دینے سے انسان کے اعلیٰ فضائل اور اس کی کارکردگی ماند پڑ جاتی ہے۔ نوجوانوں میں جو اس وقت ایک طرح کی واماندگی اور بیزاری ملتی ہے، اس کا سبب بڑی حد تک یہی ہے کہ انھوں نے جنسی جذبے کو بہت اہمیت دے رکھی ہے اور جوانی کو صرف جنسی میلانات و مطالبات کا مترادف سمجھ لیا ہے۔ اسی نشے میں وہ اپنی ہر طرح کی الجھنوں اور کلفتوں کو بھلاتے رہتے ہیں۔ اس کا رد عمل زندگی کے اعلیٰ مقاصد کو ان کی نظروں میں بے نور بنا دیتا ہے۔ وہ زندگی کی ذمے داریوں اور صعوبتوں کا سامنا کرنے کے قابل نہیں رہ جاتے اور زندگی کی اعلیٰ قدروں کا احترام کرنے

سے معذور ہو جاتے ہیں۔ جوانی کا نوحہ جس طرح اور جس شدت سے اردو شعرا بالعموم اور "نئے ادب" کے پیرو بالخصوص کرتے ہیں، اس کی مثال کسی دوسری قوم یا کسی دوسرے شعر و ادب میں نہ ملے گی۔ جوانی کا یہ تصور اور جوانی کے ساتھ یہ سلوک میرے نزدیک سفاکی اور بزدلی ہے۔

نئے ادب میں جنسی ترغیبات آخر اس درجہ دخیل کیوں ہو گئی ہیں؟ غالباً اس کا سبب یہ ہے کہ اس جذبے کی تسکین میں خواہ وہ کسی نوعیت کی ہو، بڑی لذت ہے اور یہ لذت آسانی سے سستے داموں مل جاتی ہے۔ اس سے شعر و ادب میں شہرت پانے کے مواقع جلد اور آسانی سے مل جاتے ہیں، ایسی شہرت جس کا مدار تمام تر گاہک کی کمزوری پر ہے، نئے مال کی خوبی پر نہیں۔ اس کی مثال ایک چالاک باورچی کی ہے، جو کھانے میں مرچیں تیز کر دیتا ہے اور برف کا پانی مہیا کر دیتا ہے تاکہ مرچ کی تیزی سے کھانے کے بھلے برے ہونے کی تمیز نہ ہو سکے اور مرچ کی تیزی رفع کرنے کی خاطر بار بار پانی زیادہ پیا جائے تو کھانا کم کھایا جائے۔

جس طرح اخبارات میں ہم قتل کی خبر سنتے ہیں تو معاً خیال آتا ہے کہ عورت تو بیچ میں نہیں ہے اور اکثر و بیشتر یہ اندیشہ صحیح ثابت ہوتا ہے، اس طرح نئے ادب کا کوئی افسانہ یا نظم آپ پڑھنا شروع کریں تو آپ کو عورت کہیں نہ کہیں، کسی نہ کسی شکل میں ضرور نظر آ جائے گی۔ عورت ہی کے گرد افلاس، انقلاب، دہریت، بیزاری اور بدتوفیقی کی داستانیں پھیلی ہوں گی یا افلاس و انقلاب وغیرہ میں عورت پیوست ملے گی۔ بجائے خود یہ مضامین ایسے ہیں جن میں بیزار، مایوس الحال اور کم پڑھے لکھے ادیبوں، شاعروں اور ان سے زیادہ گئے گزرے سامعین یا قارئین کے لیے بڑی کشش ہے۔

آپ نے گلیوں اور سڑکوں پر عطائیوں کو دوائیں بیچتے دیکھا ہو گا، تفریحاً ان کا خطبہ

صدارت بھی ناگفتنی امراض و ناشدنی مجربات پر تھوڑی دیر تک ضرور سنا ہوگا۔ ظاہر ہے یہ بزرگ کیا ہیں، کیسے ہیں اور ان کے مجربات کی کیا حیثیت ہے، لیکن وہ جن امراض کے نام سے اپیل کرتے ہیں یا جن طاقتوں کے عود کر آنے کی بشارت دیتے ہیں، ان میں کوہ ندا جیسی کشش ہے، اس لیے بقول ایک ستم ظریف "ہم ہوئے کہ میر ہوئے۔ انھیں مرضوں کے سب اسیر ہوئے۔"

لکھنے والے انھیں باتوں پر اکتفا نہیں کرتے، وہ اپنی ناگفتنی کو بھی بڑے شوق سے اور مزے لے لے کر بیان کرتے ہیں۔ بتایا یہ جاتا ہے کہ اس سے مصنف خود اپنی تحلیل نفسی پیش کرتا ہے۔ اس تحلیل نفسی کے شوق میں وہ ایسی ایسی مکروہ باتیں خود اپنے بارے میں لکھ جاتا ہے، جن کو سن کر طبیعت مالش کرنے لگتی ہے۔ یہ بات بھی بڑے لوگوں سے لیکن مسخ ہو کر ان تک پہنچی ہے، جس طرح یورپ کے مطلق العنانوں نے ہمارے چھوٹے بڑوں میں فرعونیت پیدا کر دی ہے، اسی طرح بعض بڑے لوگوں نے جو اپنی خود نوشت سوانح حیات لکھی ہیں، ان کی ریس میں یہ نوجوان ان گھناؤنے واقعات کو پیش کرتے ہیں جو کبھی یا اوائل عمر میں ان کو پیش آئے تھے۔ اس کا اثر ہمارے ادب اور سوسائٹی دونوں پر بہت برا پڑ رہا ہے۔ اسے نفسیاتی تحلیل نہیں، ماؤف و متعفن ذہنیت کی نمائش کہتے ہیں۔ یہ محض اپنی شخصیت اور انشا پردازی کا پروپیگنڈا ہے۔ یہ ایسا ہی ہے جیسے کوئی فقیر، تضرع اور لجاجت میں اثر نہ پا کر، اپنے پوشیدہ سڑے گلے زخموں کی نمائش کرے اور لوگ ترس کھا کر نہیں تو بدحواس و بدحظ ہو کر اسے کچھ دے دلا دیں۔ یہاں بھی یہ عذر پیش کیا جائے گا کہ سوسائٹی میں یہ گھناؤنی باتیں ملتی ہیں، اس لیے ان کے جتانے اور بتانے کی ضرورت ہے۔ مگر کوڑھی اور اس طرح کے لوگوں کے لیے میونسپل قوانین اور میونسپل انتظامات بھی ہیں، یعنی یہ آبادی سے دور رکھے جائیں اور گلی کوچوں

میں گھومنے پھرنے نہ دیے جائیں۔ اس لیے میرا خیال ہے کہ اس طرح کے مضامین شعر و ادب میں نہیں، بلکہ اسپتالوں کی فائلوں میں رکھے جائیں جن سے ڈاکٹر کو فائدہ پہنچے، ہندوستان کو نقصان نہ پہنچے۔ اعتراف گناہ بالعموم گناہ سے تائب ہونے کے لیے کیا جاتا ہے، نہ یہ کہ گناہ کو گناہ کا عذر بتایا جائے۔

فحاشی اور عریاں نگاری میرے نزدیک فن نہیں، بدکرداری ہے۔ اس عیب سے قدیم اردو شعرا کا دامن بھی پاک نہیں ہے۔ عربی فارسی کا بھی یہی حال ہے، لیکن گذشتہ اور موجودہ میں ایک فرق بھی ہے۔ پرانے شعرا فحاشی کو فحاشی ہی سمجھتے تھے، ادب، زندگی یا آرٹ نہیں سمجھتے تھے۔ پھر یہ کیا ضرور ہے کہ جو بات نامعقول ہو، وہ اس لیے معقول ہو جائے کہ اس کے مرتکب پہلے بھی گذرے ہیں؟ فحاشی کو کبھی نہیں سراہا گیا ہے۔ یورپ میں بعض مشہور مصنف ایسے گذرے ہیں جنھوں نے جنسیات پر مستقل تصانیف شائع کی ہیں۔ بعضوں نے اپنا نقطۂ نظر طبی (فنی) رکھا ہے، اور بعضوں نے ناول اور افسانے کے پیرائے میں جنسیاتی مسائل پر بحث کی ہے۔ لیکن یہ بات اپنی جگہ پر مسلم ہے کہ ان لوگوں کا نقطۂ نظر وہ نہیں ہوتا جو ہمارے ادیبوں کا ہے اور نہ وہ ان مسائل کو اس بے ہودگی اور بھونڈے پن سے پیش کرتے ہیں جیسا ہمارے ہاں دیکھنے میں آتا ہے۔

انشا پردازی میں یورپ کے مصنفین یقیناً ہم سے بہت بلند ہیں، ان کے ہاں بڑا سخت مقابلہ ہے۔ دوسرے درجے کا مصنف وہاں تمام عمر نہیں پنپتا۔ یورپ میں ہر فن کے باکمال سوسائٹی میں موجود ہوتے ہیں۔ چنانچہ ہر شخص کوئی چیز پبلک میں پیش کرتا ہے، وہ پوری تیاری سے پیش کرتا ہے اور سمجھتا ہے کہ اس پر "پہنچے ہوؤں" کی ایکسرے جیسی نگاہیں پڑیں گی۔ "کاتا اور لے دوڑے" کا وہاں گذر نہیں۔ یورپ والوں پر زندگی کے ہر سمت سے حملے ہوئے ہیں اور انھوں نے زندگی کا ہر حربے سے مقابلہ کیا ہے۔ اس

حملے اور مقابلے سے ان کی زندگی کا کوئی پہلو خالی نہیں ہے۔ اس سے ان کی نظر میں گہرائی، شعر و ادب میں صلابت اور شائستگی اور فن میں پختگی اور معنویت آگئی ہے۔ انھوں نے زندگی کو کسی واسطے سے دیکھا یا پرکھا نہیں ہے بلکہ زندگی کے آشوب سے ان کا براہ راست سابقہ رہا ہے۔ اس لیے میرا خیال ہے کہ سہل، سطحی اور تفریحی امور میں یورپ کی پیروی کرنا اور اس کی ریاضتوں سے منھ موڑنا ہمارے لیے کسی طرح جائز نہیں۔ یہ ہمارے لیے نہایت درجہ خطرناک ہے۔

جو لوگ لکھنے کے ہنر سے واقف ہیں اور جانتے ہیں کہ ایک ہی بات کو اول درجے کا انشا پرداز لکھے گا تو وہ کیا چیز ہو گی اور اسی چیز کو دوسرے اور تیسرے درجے کے انشا پرداز لکھیں گے تو وہ کیا ہو جائے گی، نہ صرف پرداخت کے اعتبار سے بلکہ اثر کے اعتبار سے بھی۔ یورپ کی ہر قسم کی تصانیف کا تھوڑا بہت حصہ میری نظر سے گذرا ہے۔ اردو تصانیف کا تھوڑا ہی حصہ ایسا ہو گا جو میری نظر سے نہ گذرا ہو۔ بحیثیت مجموعی دونوں میں بڑا فرق ہے، دونوں کی ذہنی سطح میں بین تفاوت ہے۔ ہر ملک کے آئین کا مدار اس ملک کے باشندوں کے آئینی احساس یا شعور پر ہوتا ہے، مثلاً وحشیوں کو پارلیمنٹری اداروں کی اہمیت کا اندازہ نہیں ہو سکتا۔ یہی اصول شعر و ادب کا ہے۔ ایسے لوگوں کو جو اپنے نفس یا قلم پر قابو نہیں رکھ سکتے، سوشل ذمے داریوں کا احساس نہیں رکھتے، ان کو کچھ اور نہیں تو جنسیات جیسے نازک اور پرخطر مضامین و مسائل پر اظہار خیال کی اجازت نہیں ہونی چاہیے۔ درندوں یا جراثیم کو انھیں لوگوں کی نگرانی میں دینا چاہیے جو ان پر اور اپنے آپ دونوں پر قابو پانے یا رکھنے کے اہل ہوں۔

ہندوستانی سنیما اور تھیٹر کے بارے میں عام طور پر کہا جاتا ہے کہ ادب اور معاشرت کی ترقی میں یوں مفید نہیں ہیں کہ یہ کمپنیاں خدمت نہیں کرنا چاہتیں، روپے کمانا چاہتی

ہیں۔ عوام کی سیرت اور ذوق کو سدھارنے، سنوارنے اسے ان کا کوئی سروکار نہیں، جو مصنف ان کمپنیوں کے لیے کوئی چیز تصنیف کرتے ہیں، وہ عوام کی سطح پر اترنے کے لیے مجبور ہوتے ہیں اور چار وناچار وہی کرتے ہیں جو سینما تھیٹر کے منیجر چاہتے ہیں۔ بے تکے قصے، مہمل زبان، چٹ پٹے اشعار مطربی و مسخرگی، بوس وکنار، دھول دھپا، توڑ پھوڑ، گالی گلوچ، غرض اسی قسم کی خرافات، کہیں کم کہیں زیادہ۔ اکثر نئے شاعر اور ادیب بھی اسی پر اتر آئے ہیں، اس لیے کہ اس میں نفع ہے۔ چونکہ عوام اسی قسم کی چیزوں سے خوش ہوتے ہیں، اس لیے ان سے اسی طور پر نفع کمایا جاسکتا ہے۔ عوام سستی اور کافی مسکرات چاہتے ہیں، ادیب سستی اور کافی شہرت چاہتا ہے، "ما بخیر شما بسلامت۔"

کوئی حرف گیری کرے تو کہتے ہیں، ہم جمہور کے آدمی ہیں، جمہور کے لیے ہیں، اور جمہوری تفریح یا تعلیم کا سامان بہم پہنچاتے ہیں، "بورژوا" سے ہم کو کوئی سروکار نہیں بلکہ ہم اس کا قلع قمع کر دینا سب سے بڑی خدمت سمجھتے ہیں۔ اگر اصلاح عوام اسی کو کہتے ہیں تو پھر بڑے بڑے صنعتی شہروں میں کیا برائی ہے جہاں کارخانوں ہی سے قریب شراب خانے اور قحبہ خانے ہوتے ہیں، جہاں شام کو تھکے ہارے مزدور دن بھر کی مزدوری شاہد و شراب کی نذر کر دیتے ہیں، اور دنیا مافیہا سے بے خبر ہو جاتے ہیں۔ ان معصوم یا مریض ادیبوں کو کون بتائے کہ عوام آپ کی نفسیاتی تحلیل کو نہیں سمجھ سکتے، وہ نفسیاتی ترغیب کی زد میں ہوتے ہیں۔ مزدور اور اہل حرفہ کو نہ اتنی فرصت ہوتی ہے اور نہ اتنی استعداد کہ وہ آپ کے افسانوں یا نظموں کے چھپے ہوئے کمالات پر غور کرسکیں یا بقول غالب ع "آستیں میں دشنہ پنہاں ہاتھ میں نشتر کھلا" کے رمز سے کبھی واقف ہو سکیں۔ وہ تو صرف شراب اور عورت کو دیکھتے ہیں جن سے آپ کا کلام ملوث یا مزین ہوتا ہے۔

انقلاب دوستی یا ترقی پسندی کے یہ معنی کب ہوئے اور کیوں کر ہوئے کہ فسق و

فواحش اور قتل و غارت گری ہی زندگی کا حاصل ہے؟ یہ کیسا آرٹ ہے، کون سا ادب ہے اور کس قماش کی زندگی ہے جس کا مرکزی اور بنیادی تصور، فساد و فحاشی ہو؟ لکھنے کا کام میں نے بھی کیا ہے اور اس وادی کے بہت سارے پیچ اونچ اور پیچ و خم سے گزرا ہوں اور اب بھی گذر سکتا ہوں۔ میرے جیسے اور مجھ سے بہتر لوگ بھی موجود ہیں۔ میں انشا پردازی کی پیغمبری اور پتے بازی دونوں دیکھی ہیں اور دونوں کو سمجھتا ہوں۔ فحاشی اور عریاں طرازی نہ کوئی ادب ہے نہ کوئی آرٹ، اور نہ کوئی زندگی۔ میں ادب، آرٹ اور زندگی سب کو علاحدہ علاحدہ اور بحیثیت مجموعی بھی صرف سلیقۂ شرافت اور سرفروشی سمجھتا ہوں، حسن بن صباحیت نہیں قرار دیتا، (حسن بن صباحیت کی ترکیب پر نہ جائیے، حسن بن صباح سے ڈریے) کہ آپ نوجوانوں کو سستا اور تیز نشہ پلا کر مصنوعی جنت کی سیر کرائیں اور چن چن کر بھلے مانسوں کا قلع قمع کرا دیں۔ صوفیائے کرام ہی نہیں، انشا پرداز اور شاعر کے ہاں بھی شریعت اور طریقت کی کارفرمائی ہے۔ لیکن میں سمجھتا ہوں کہ جس طرح نام نہاد صوفیا نے "شریعت" کو نظر انداز کر کے "طریقت" کو فروغ دیا ہے اور اس طرح تصوف کو رسوا کیا، اسی طرح جدید ادب کے اکثر حامیوں نے انشا پردازی کی شریعت سے منھ موڑ کر صرف طریقت کو فروغ دیا اور انشا پردازی کی آبروریزی کی۔

میرا عقیدہ ہے کہ فحش ہی نہیں، ہر بات اس طور پر کہی جا سکتی ہے کہ مذاق سلیم پر بار نہ ہو اور کسی کے دل پر ٹھیس نہ لگے۔ یہی وہ مقام ہے جہاں شاعر اور غیر شاعر، ادیب اور غیر ادیب ایک دوسرے سے علاحدہ اور ایک دوسرے سے ممتاز ہو جاتے ہیں۔ شاعر کا کمال یہی نہیں ہے کہ وہ ایسی بات کہے جہاں دوسروں کا ذہن نہ پہنچ سکا ہو، اس کا سب سے بڑا کمال یہ ہے کہ وہ اس بات کو اس انداز سے اور ایسے موقع پر کہے کہ وہ بات اس سے بہتر طور پر کہی یا پیش نہ کی جا سکتی ہو۔ یہ بات نہ ہوتی تو سوسائٹی میں شاعر کو وہ درجہ

نصیب نہ ہوتا جس پر بجا طور پر وہ ہمیشہ فائز رہا ہے۔

محض بر بنائے مثال قاضی عبدالغفار کی مشہور تصنیف "لیلیٰ کے خطوط" اور سعادت حسن منٹو کے افسانے لے لیجیے۔ میں دونوں کو ترقی پسند ادیبوں کے زمرے میں رکھتا ہوں۔ سوسائٹی میں جنسی اشتہا کی تسکین کا جو وسیلہ عورت کو قرار دیا گیا ہے، اس کو دونوں بیان کرتے ہیں۔ قاضی عبدالغفار عورت کی روح کا کرب اور اس کی بغاوت بن کر ہمارے سامنے آتے ہیں اور جو چیز پیش کرتے ہیں، اس میں آرٹسٹ کا "لہو ترنگ" یا "رنگ" جھلکتا ہے۔ منٹو عورت کے بیان میں لذت محسوس کرتے ہیں۔ وہ عورت کی زبونی اور درماندگی سے اپنی انشاپردازی کی دکان سجاتے ہیں۔ کچھ ایسا معلوم ہوتا ہے جیسے وہ مشتبہ متاع چور بازار میں بیچنا بھی چاہتے ہیں اور اسی نوعیت کا مال چور بازار سے خرید کر اصلی بازار میں لانا چاہتے ہیں۔ آپ نے بعض بزرگوں کو دیکھا ہوگا، وہ ایک فرضی یتیم خانے کے نام سے چھوٹے چھوٹے بچوں کو پھٹے پرانے کپڑے پہنا کر اور فلاکت و بے بسی کا سوانگ رچا کر، کوچہ و بازار میں لیے پھرتے ہیں، کہیں خود روتے گاتے ہیں اور کہیں ان بچوں کو رلاتے گواتے ہیں۔ یتیم اور یتیمی کی اس نمائش کا مقصد صرف نفع کمانا ہوتا ہے، نہ یہ کہ ان غریبوں کی حالت کو بہتر بنایا جائے۔

بحوالہ :

["نیا ادب میری نظر میں"، مرتب: آغا سرخوش دہلوی، ہندوستان پبلشرز، دہلی، ۱۹۴۴]

The structure & mechanism of modern literature.

***

۵

ابن صفی نے اپنے کرداروں کو زندۂ جاوید کر دیا ہے

قطب الدین شاہد

اردو ادب میں ایسے بہت سے کردار ہیں جو حیات جاوداں لے کر آئے ہیں، جنہیں فراموش نہیں کیا جا سکتا۔ ڈپٹی نذیر احمد کے اصغری، اکبری اور ابن الوقت، مرزا ہادی رسوا کا مشہور کردار امراؤ جان، منٹو کا منگو کوچوان، کرشن چندر کا کالو بھنگی، منشی پریم چند کا ہوری اور امتیاز علی تاج کے مزاحیہ کردار چچا چھکن کو اسی زمرے میں رکھا جا سکتا ہے جنہیں بھلایا نہیں جا سکتا۔

بلاشبہ یہ سب اردو ادب کے بڑے نام ہیں لیکن بات جب کردار سازی کی آئے گی اور اس کا منصفانہ تجزیہ کیا جائے گا تو ابن صفی ان تمام سے بہت آگے نظر آئیں گے۔ انہوں نے ایک دو نہیں بلکہ درجنوں کردار تخلیق کیے ہیں جو منفرد بھی ہیں اور جداگانہ شخصیت کے حامل بھی۔ تقریباً تمام کردار ایسے ہیں جنہوں نے قارئین کے ذہن پر انمٹ نقوش چھوڑ رکھے ہیں۔ ابن صفی کے کردار خواہ اچھے ہوں یا برے، بے پناہ صلاحیتوں کے مالک ہیں، بسا اوقات یہ الہ الدین کے چراغ والے جن کو بھی مات دیتے نظر آتے

ہیں لیکن ان کی پیشکش اتنی خوبصورت ہوتی ہے کہ یہ کہیں سے بھی مافوق الفطرت نہیں لگتے۔ ان کا ہر عمل فطری ہوتا ہے، جس کی وجہ سے یہ سب اپنے ہی سماج کے جیتے جاگتے افراد لگتے ہیں۔

ابن صفی نے اپنے کرداروں کو وہ جاودانی عطا کر دی جو اردو ادب کے معدودے چند کرداروں ہی کے حصے میں آئی ہے۔ بسا اوقات ایسا محسوس ہوتا ہے کہ ابن صفی سے زیادہ شہرت ان کے کرداروں بالخصوص علی عمران اور احمد کمال فریدی کے حصے میں آگئی۔

ابن صفی دراصل ان کی چھوٹی چھوٹی باتوں پر بھی بہت زیادہ توجہ دیتے تھے اور کوشش کرتے تھے کہ ان کے کردار کہیں سے بھی غیر فطری نہ لگیں۔ اکثر دیکھا گیا ہے کہ بحیثیت ایکس۔ٹو جولیا سے گفتگو کرتے ہوئے عمران کبھی کبھی بہکنے بھی لگتا ہے لیکن فوراً ہی خود پر قابو بھی پالیتا ہے۔

یہ ابن صفی کی کردار نگاری کی ایک عمدہ مثال ہے۔ ایکس ٹو آخر وہی عمران ہی تو ہے جو بڑی مشکلوں سے کبھی کبھار سنجیدہ ہوا کرتا ہے۔ وقتاً فوقتاً اس کا بہکنا یہ ثابت کرتا ہے کہ وہ بھی انسان ہے، مشین نہیں۔

زیر نظر مضمون میں ان کے فن ناول نگاری کے ایک پہلو یعنی کردار نگاری پر گفتگو کی گئی ہے۔ لیکن اس سے قبل کہ ان کے کرداروں پر کوئی گفتگو ہو، آیئے ان کے کرداروں کی ایک جھلک دیکھتے چلیں اور دیکھیں کہ ان کرداروں کو محض ان کی گفتگو سے ہی پہچان لینا کتنا آسان ہے۔

"آپ کا فرمانا درست ہے۔ مگر آپ یہ بھی جانتے ہیں کہ میں اس محکمے میں روٹیوں کے لیے نہیں آیا۔ میری خطر پسند طبیعت نے اسی پیشے میں تسکین کا سامان دیکھ کر مجھے اس طرف آنے پر مجبور کیا ہے۔ میرا اس کام میں دل ہی نہیں لگتا جس میں قدم قدم پر موت

کا خطرہ نہ ہو۔"

بحوالہ: فریدی اور لیونارڈ

کیا ابن صفی کے قارئین کو یہاں کوئی مغالطہ ہو سکتا ہے کہ یہ جملہ انسپکٹر احمد کمال فریدی کے علاوہ اور کسی کا نہیں ہو سکتا جو بعد میں "کرنل فریدی" کے نام سے مشہور ہوئے۔

ان کا ایک دوسرا کردار جو فریدی کی طرح سنجیدہ نہیں ہے۔۔۔ لیکن صرف وہی ایک ایسا شخص ہے جس پر فریدی آنکھیں بند کر کے اعتماد کر سکتا ہے۔ اس کا ایک مکالمہ ملاحظہ فرمائیں جو حسب سابق ایک دوشیزہ کی شان میں ادا ہو رہا ہے۔

"تم پھولوں سے زیادہ حسین ہو، کنول سے زیادہ نازک، تمہاری آواز نہیں شہد کی بوند ہے، جب تم مسکراتی ہو تو کلیاں کھل جاتی ہیں، جب چلتی ہو تو قیامت اپنے گریبان میں منہ ڈال کر کھڑی رہ جاتی ہے اور جب نہیں چلتی ہو تو قیامت اپنا ارادہ بدل کر۔۔۔ اوہ وہ۔۔۔ بدل کر۔۔۔۔ کیا کرنے لگتی ہے۔۔۔۔ جانتی ہو۔۔۔۔۔ تم نہیں جانتیں۔۔۔۔۔ اچھا، میری آنکھوں میں دیکھو، کیا دکھائی دیتا ہے؟"

بحوالہ: پراسرار کنواں

یہ کون ہے؟

کیا یہاں یہ بتانے کی ضرورت ہے، قطعی نہیں۔ کیپٹن حمید کے علاوہ بھلا اور کون ہو سکتا ہے جو لڑکیوں کی صحبت کا رسیا تو ہے مگر وہاں بھی اپنی سنجیدگی برقرار نہیں رکھ پاتا۔

ایک اور کردار جس کے مداحوں کی تعداد بہت زیادہ ہے۔۔۔۔

۔۔۔ لیکن جیسے ہی کیپٹن فیاض اندر داخل ہوا، فون کی گھنٹی بجی اور اس کے ہونٹوں

پر بکھری ہوئی زبردستی کی مسکراہٹ غضب آلود کھنچاؤ میں تبدیل ہو گئی۔ وہ سامنے آتی ہوئی چیز کو ٹھوکر سے ہٹاتا ہوا فون کی طرف جھپٹا۔

"ہیلو" وہ ماؤتھ پیس میں غرایا۔

دوسری طرف سے خالص اختری بائی فیض آبادی کے اسٹائل میں آواز آئی:

"دیوانہ بنانا ہے تو دیوانہ بنادے"

"کون بیہودہ ہے؟"

"سوپر فیاض! وہی پرانا خادم"

بحوالہ: گیند کی تباہ کاریاں

سوپر فیاض کا یہ پرانا خادم اپنے زمانے کی پراسرار شخصیت علی عمران ایم ایس سی، ڈی ایس سی آکسن ہے، جس کی بے پناہ صلاحیتوں کو اس کے والد ڈائرکٹر جنرل رحمان صاحب بھی ٹھیک سے نہیں پہچانتے، لیکن ابن صفی کے قارئین سے کچھ بھی پوشیدہ نہیں ہے۔

ابن صفی نے اس کردار کے دو متضاد پہلوؤں کو اس خوبصورتی کے ساتھ نمایاں کیا ہے کہ اس کی ایک ہلکی سی جھلک سے ہی قارئین اچھی طرح سمجھ جاتے ہیں کہ اس وقت ہمارے سامنے کون ہے؟ علی عمران یا ایکس ٹو۔

"دیوانہ بنانا ہے تو دیوانہ بنادے"۔۔۔۔ کیپٹن فیاض کے سامنے عمران کے علاوہ بھلا کسی کی جراءت ہو سکتی ہے کہ اس طرح گانا گائے؟

کرداروں کی شخصیت کو سنوارنے میں ابن صفی نے بڑی عرق ریزی کی ہے۔ یہی وجہ ہے کہ اگر وہ تمام کے تمام یکجا ہو جائیں اور کسی موضوع پر بحث کریں تو مصنف کو یہ بتانے کی ضرورت پیش نہیں آتی ہے کہ یہ جملہ کس نے ادا کیا؟ جملوں میں استعمال ہونے

والے الفاظ ہی اس کردار کی شناخت بن جاتے ہیں اور قارئین خود ہی اس نتیجے پر پہنچ جاتے ہیں کہ پہلا جملہ کس نے ادا کیا اور اس کا جواب کس نے دیا؟

ملاحظہ فرمائیں ایک نمونہ۔۔۔

وہ چائے کی ٹرے سنبھالے ادھر ہی آ رہا تھا۔

"ابے تو بولتا کیوں نہیں؟"

"جب آ ہی رہا تھا تو بولنے کی کیا ضرورت تھی۔"

"اچھا جی! اگر آتے وقت کوئی تمہاری گردن اڑا دیتا تو، تب بھی تم خاموش ہی رہتے؟"

"نہیں صاحب! لپٹ پڑتا اس سے! خون پی لیتا۔"

"لپٹ پڑتے۔۔۔۔۔ ابے تو پھر ان برتنوں کا کیا ہوتا۔۔۔ نمک حرام کہیں کے۔"

"نمک حرام نہ کہا کیجیے صاحب!"

"کیوں؟"

"اگر نمک حرام ہوتا تو دو آنے سیر کبھی نہ بکتا بلکہ بوتلوں میں پچپن روپے فی بوتل کے حساب سے فروخت ہوتا اور لوگ نمکین پکوڑے کھا کر ادھر ادھر غل غپاڑے مچاتے پھرتے۔"

"تیری باتیں سمجھنے کے لیے ارسطو کا دماغ چاہیے! میری سمجھ میں نہیں آتیں۔ ابے تو کھڑا منہ کیا دیکھ رہا ہے؟"

بحوالہ: خطرناک لاشیں

یہ دو لوگوں کے درمیان ہونے والی گفتگو ہے جس میں کسی کا نام نہیں ہے لیکن قارئین کو اس نتیجے پر پہنچنے میں کوئی دشواری پیش نہیں آتی کہ یہ مباحثہ عمران اور سلیمان

کے درمیان ہے۔

دراصل وہ سلیمان ہی ہے جو عمران سے مباحثے کی ہمت کر سکتا ہے۔ کبھی کبھار جوزف سے بھی اس طرح کی حرکتیں سرزد ہوتی ہیں لیکن اس کا انداز قدرے مختلف ہوتا ہے اور یہ تب ہوتا ہے جب اسے یومیہ ملنے والا "کوٹہ" وقت پر نہیں مل پاتا۔ قارئین سمجھ جاتے ہیں کہ جوزف کا دماغ اپنی جگہ سے کھسک رہا ہے۔

ملاحظہ کیجیے ایک مکالمہ:

"تیسرے قیدی کو لاؤ!" عمران نے جوزف سے کہا۔

"باس تین ہی تو ہیں، ہر قیدی تیسرا ہو سکتا ہے!"

"اچھا!" عمران آنکھیں نکال کر بولا: "اب مجھے منطق پڑھائے گا!"

"کیا کروں باس، ابھی تک نہیں ملی!" وہ جماہی لے کر بولا: "تم خود ہی بتاؤ میں آدمیوں کی طرح کیسے سوچ سکتا ہوں؟"

"اس قیدی کو لاؤ جسے بعد میں لے گئے تھے!"

"میں تہہ خانے میں نہیں جاؤں گا!" جوزف بھرائی ہوئی آواز میں بولا۔

"کیوں؟" عمران نے آنکھیں نکالیں۔

"میری طرف دیکھ کر مسکراتی ہے۔"

"اچھا تو پھر؟"

"تو گویا یہ کوئی بات ہی نہیں ہوئی؟" جوزف روہانسا ہو کر بولا۔

"اچھا تو ہی بتا، کیا خاص بات ہے؟ میری سمجھ میں تو نہیں آتا!"

"کوئی عورت تمہیں دیکھ کر مسکرائے تو تم کیا سمجھو گے باس؟"

"خود کو سکندرِ اعظم سمجھنے لگوں گا!"

بحوالہ: جونک کی واپسی

ابن صفی اپنے ایک ایک کردار اور اس کے ایک ایک مکالمے پر محنت کرتے تھے اور خوب کرتے تھے۔ وہ اس بات کا خصوصی خیال رکھتے تھے کہ کہیں ان کے قارئین کو کوئی بات بری نہ لگے۔ وہ دراصل اس بات سے بخوبی واقف تھے کہ ان کے قارئین دو حصوں میں منقسم ہیں۔

ایک طبقہ وہ ہے جسے فریدی پسند ہے۔ یہ طبقہ فریدی کی سنجیدگی و متانت اور اس کی شجاعت کی وجہ سے اس کا دلدادہ ہے جبکہ دوسرا طبقہ عمران کے مداحوں کا ہے۔ یہ طبقہ ایکس۔ٹو کے اندازِ سراغرسانی کا قائل ہے اور عمران کی احمقانہ حرکتوں پر سر دھنتا ہے۔

ابن صفی کے اس اعتراف کے باوجود کہ وہ فریدی کے کردار کو زیادہ پسند کرتے ہیں ،یہ طبقہ فریدی پر عمران کو ترجیح دیتا ہے۔

اپنے قارئین کی پسند و ناپسند کا ابن صفی کتنا خیال رکھتے تھے ،اس کا اندازہ اس بات سے لگایا جا سکتا ہے کہ جب قارئین کے بے حد اصرار پر انہوں نے فریدی اور عمران کو "زمین کے بادل" میں یکجا کیا اور وادیٔ تاریک کے ایک نازک لمحے میں فریدی کو عمران پر برتری دکھادی تو عمران کے مداحوں پر مشتمل طبقہ ناراض ہو گیا۔

بعد میں ابن صفی کو اس کی توضیح پیش کرنا پڑی۔ قارئین کے خطوط کے جواب میں ابن صفی نے لکھا کہ:

"جاسوسی دنیا کا جوبلی نمبر 'زمین کے بادل' پسند بھی کیا گیا اور ناپسند بھی۔ اس اختلاف کی وجہ کہانی نہیں بلکہ فریدی اور عمران ہیں۔ کہانی کی دلچسپی پر حرف نہیں آیا۔ پس ستم یہ ہو گیا کہ بے چارہ عمران ایک موقع پر گیس پروف نہیں بن سکا تھا۔ فریدی صاحب بازی مار لے گئے تھے ، مگر اس کا یہ مطلب ہرگز نہیں کہ وہ فریدی سے دبلا پڑتا

ہے۔ یہ تو کہانی کا ایک موڑ تھا جسے اتفاقات نے جنم دیا تھا۔

پھر عمران کے مداحوں کو مطمئن کرنے کے لیے وہ مزید لکھتے ہیں کہ:

"عمران کے چاہنے والوں کو مطمئن رہنا چاہیے کہ زیرولینڈ کا کیس سو فیصدی عمران کا ہے۔ اگر کبھی اسے پیش کرنے کی نوبت آئی تو دیکھئے گا۔

بحوالہ: پیش رس 'گیند کی تباہ کاریاں' - ۳۰/ مئی / ۱۹۸۵

قارئین کو مطمئن کرنے کے لیے ابن صفی نے بس اسی پر اکتفا نہیں کیا بلکہ خود عمران کی زبانی بھی کہلوایا۔ وہ جانتے تھے کہ پڑھنے والوں کے ذہنوں پر ان کے کرداروں کے اثرات اس قدر حاوی ہیں کہ بسا اوقات وہ ابن صفی کو بھی خاطر میں نہیں لاتے۔

ملاحظہ کریں کیپٹن فیاض سے گفتگو کرتے ہوئے اس سلسلے میں علی عمران کیا کہتے ہیں:

"یہ صرف ستاروں کے کھیل ہیں ورنہ بعض اوقات تو ایسی فاش غلطیاں ہوتی ہیں کہ سوچ کر الجھن ہوتی ہے۔ مثلاً ایک بار ایک قسم کی گیس کے چکر میں پڑ کر بالکل ہی بے دست و پا ہو گیا تھا اور ایک دوسرا آدمی صرف ۱۵ منٹ تک سانس روکے رکھنے کی بنا پر ماسٹر آف سچویشن بن گیا تھا۔ اب یہاں سانس روکنا تو کیا ضرورت پڑنے پر اپنا معدہ بھی آنتوں سمیت کھینچ کر کاندھے پر لا سکتا ہوں، مگر اس وقت غفلت ہو گئی تھی! ذرا سی لغزش جس نے مجھے خود اپنی نظروں سے گرا دیا تھا۔"

بحوالہ: گیند کی تباہ کاریاں

ابن صفی نے تقریباً ۲۵۰ ناول لکھے ہیں۔ ان میں سے بیشتر ان کے مستقل کردار ہیں۔ مثلاً فریدی سیریز میں حمید کے ساتھ کہیں کہیں قاسم، انور، رشیدہ اور پراسرار شخصیت کے مالک اور بہت ساری زبانوں پر عبور رکھنے والے طارق ہوتے ہیں۔

اسی طرح عمران سیریز میں جولیانا فٹزواٹر، فیاض، صفدر، خاور، تنویر، چوہان،

صدیقی، بلیک زیرو، جوزف، سلیمان، روشی، رحمان صاحب اور سر سلطان وغیرہ ہیں۔

برے کرداروں میں سنگ ہی اور تھریسیا بہت مقبول ہیں۔ لیکن ان مستقل کرداروں کے علاوہ ہر ناول کے جو مقامی کردار ہوتے ہیں، وہ بھی کچھ کم اہم نہیں۔ ان کا خاکہ بھی ابن صفی نے کچھ اس طرح سے کھینچا ہے کہ اگر کبھی کسی کردار کا کسی دوسرے ناول میں تذکرہ ہو تو قارئین اسے پہچان لیتے ہیں۔ ذہن پر بہت زیادہ زور ڈالنے کی ضرورت نہیں پڑتی۔

یہ کسی بھی ناول نگار کی بڑی کامیابی ہے کہ اس کے کردار اس کی شناخت بن جائیں۔۔۔ اور ابن صفی اس معاملے میں پوری طرح کامیاب ہیں!

The characters in novels of Ibn-e-Safi

***

۶

مرٹھواڑہ میں اردو غزل کے چراغ - سراج اورنگ آبادی

سراج آرزو

سراج اورنگ آبادی- شخصیت وکلام کے آئینے میں

مراٹھواڑہ(مہاراشٹر) کی ادبی زمین ہمیشہ سے ہی شعر و سخن کے لئے بڑی زرخیز رہی ہے۔اس کے لئے ہم ماضی میں ولی، سراج، سکندر علی وجد اور احسن یوسف زئی کی مثال دیکھیں یا پھر حال میں بشر نواز، شمس جالنوی اور عرفان پر بھنوی کی مثال لے سکتے ہیں۔ولی اورنگ آبادی کی اگر بات کی جائے تو اردو شاعری میں اولیت کا تاج ولی کے ہی سر جاتا ہے۔ولی سے قبل اردو غزل صرف ناز وادا، حسن وجمال اور خارجی پہلوؤں تک محدود تھی۔اس میں کوئی گہرے تجربے یا احساس نہیں ہوا کرتے تھے۔ولی نے اس میں زندگی کے تجربات، تنوع اور داخلیت کو سمو کر غزل کے دائرے میں جیسے پوری کائنات کو سمیٹ لیا ہے۔

ہم اس مضمون میں مراٹھواڑہ کے ہی اک ایسے شاعر کی شخصیت اور فن کا جائزہ لیں گے۔ جنہوں نے مراٹھواڑہ کے اردو ادب کی تاریخ میں اپنا نام طلائی روشنائی سے

لکھوایا ہے۔اور انہیں ہم سب سراج اورنگ آبادی کے نام سے جانتے ہیں۔راقم الحروف کو سراج اورنگ آبادی کی شاعری میں تب سے ہی دلچسپی ہوئی جب وہ دسویں جماعت کا طالب علم ہوا کرتا تھااور دسویں جماعت کی درسی کتاب میں سراج اورنگ آبادی کی غزل شامل نصاب تھی۔یہی وجہ رہی کہ میں جب اورنگ آباد میں پڑھائی کے لئے تھاتب خاص طور پر 'کالا دروازہ' سے متصل قبرستان میں موجود سراج اورنگ آبادی کی قبر کی بڑی اہتمام سے زیارت کی۔جن کی شاعری نصابی کتاب میں پڑھی ،اس عظیم شاعر کی قبر پر درود پڑھ کر دل کو بڑی تسکین ہوئی۔

دکنی شعراء میں ولی کے بعد اردو کے سب سے بڑے شاعر سراج اورنگ آبادی ہیں۔ڈاکٹر فخر الاسلام اعظمی اور ڈاکٹر محمد الیاس اعظمی اپنی کتاب 'شعور و فن' میں لکھتے ہیں کہ سراج کا مزاج بچپن سے ہی حسن پرستی کی طرف مائل تھا۔عنفوان شباب ہی میں ان پر ایک طرح کی مجنونانہ کیفیت طاری ہوگئی تھی۔مجذوبیت کے عالم میں انہوں نے فارسی زبان میں بہت سے اشعار کہے۔جذب کی کیفیت ختم ہونے پر وہ شاعری ترک کر کے صوفی اور فقراء کے ساتھ رہنے لگے۔

سراج کے کلیات میں غزلیں، قصیدے،رباعیات اور مثنوی شامل ہیں۔یوں تو ان کا سارا کلام ہی شعریت سے بھرپور ہے، لیکن وہ اپنی مثنوی 'بوستانِ خیال' اور اپنی غزلوں کی وجہ سے مشہور ہوئے۔بوستانِ خیال میں تقریباً ۱۱۶۰ اشعار ہیں۔یہ مثنوی ایک طرح سے سراج کی آپ بیتی ہے ،جسے انہوں نے سیدھے سادے انداز میں پیش کیا ہے۔سراج عیسوی سنہ ۱۷۳۴ء میں بیس سال کی عمر میں حضرت شاہ عبدالرحمن چشتیؒ سے بیعت ہوئے۔اسی زمانے میں انہوں نے اردو میں شعر گوئی کا آغاز کیا۔اور عیسوی سنہ ۱۷۴۰ء کے بعد انہوں نے اپنے مرشد کے حکم پر شاعری ترک کردی۔سراج کا شعری

سرمایہ ان پانچ چھ سال ہی کا نتیجۂ فکر ہے۔

معروف محقق جمیل جالبی کے مطابق 'بوستان خیال' یہ مثنوی اپنے روانی، سادگی اور شدید عشقیہ کیفیات کے بے باکانہ اظہار کی وجہ سے پُر اثر ہے۔ اور ریختہ کی مثنویوں کی ابتدائی روایات میں ایک اہم کڑی کا درجہ رکھتی ہے۔

سراج کی شاعری میں روحانی کیفیات اپنے پورے حسن و جمال کے ساتھ نمایاں ہیں۔ ان کے کلام میں تصوف کا فلسفہ بھی ہے، اخلاق و حکمت کی باتیں بھی اور دنیا کی ناپائیداری کا ذکر بھی۔ مثلاً

شرابِ معرفت پی کر جو کوئی مجذوب ہوتا ہے
درو دیوار اس کوں مظہرِ محبوب ہوتا ہے

سراج کے کلام کے مطالعہ سے پتہ چلتا ہے کہ انہوں نے اپنے محبوب کے لئے پری، من ہرن، گل بدن، جانِ سراج اور من موہن جیسے الفاظ استعمال کئے ہیں۔ ذیل کے اشعار میں ہم مذکورہ تشبیہات کا مشاہدہ کر سکتے ہیں:

اس گلبدن نشترِ مژگاں کوں دیکھ کر
آیا ہے جوشِ خوں سے رگِ کوں پیچ و تاب
میں کہا رحم پتنگوں پہ کر اے جانِ سراج
تب کہا شمعِ شب تار ہوں کن کا ان کا
کہاں ہے گلبدن موہن پیارا
کہ جوں بلبل ہے نالاں دل ہمارا

سراج کی شاعری سے داخلیت صاف طور پر جھانکتی ہے۔ ذیل کے اشعار سے یہ بات محسوس کی جا سکتی ہے:

تجھے کہتا ہوں اے دل عشق کا اظہار مت کیجو
خموشی کے مکاں بات اور گفتار مت کیجو
پُتلی ہماری نین کے جھروکے میں بیٹھ کر
بیکل ہو جھانکتی ہے پیارا کب آئے گا

سراج کی شاعری کا ایک اہم موضوع تصوف ہے۔ ملاحظہ ہو:

ہمیشہ دورِ الم مختلف ہے
کہ گردش میں ہیں ہر دم نیلگوں
ہم فقیروں پہ ستم جیتے رہو
خوب کرتے ہو بجا کرتے ہو
روشن ہے اے سراج کہ فانی ہے سب جہاں
مظرب ہے جام غلط انجمن غلط

The light of Marathwada Urdu Ghazal - Siraj Aurangabadi.
Essay: Siraj Aarzu

***

۷

اردو زبان اور عصر جدید کے چیلنج

عمران عاکف خان

بہت خوبصورت، غمگین لمحوں کو خوشنما بنانے والی اور کانوں میں حقیقی رس گھولنے والی اردو زبان مختلف مسایل، جد وجہد اور مشکلات کا سامنا کرتی ہوئی ۲۱ ویں صدی تک پہنچی ہے۔ ۲۱ ویں صدی چونکہ عالمی یگانگت کی صدی ہے، آج ساری دنیا ایک گاؤں بن گئی ہے۔ سات سمندر پار کی دھمک برق رفتاری سے یہاں پہنچ جاتی ہے اور یہاں کے ہلچل وہاں گونجتی ہے۔ سائنس اور ترقیات کی اس صدی میں سب کچھ ہو رہا ہے مگر اردو زبان کو متعدد اور عظیم چیلنج درپیش ہیں جن میں سے کچھ تو معاصر دنیا کی دین ہیں اور اکثر وہ ہیں جو اپنوں کی کارستانی کے سبب پیدا ہو گئے۔ ان کی وجہ سے پل پل اس کی جان پر بن آتی ہے اور لمحہ لمحہ اسے کسی انہونی کا خدشہ رہتا ہے۔ ذیل میں ایسے کچھ چیلنجوں کا ذکر کیا جاتا ہے جن سے اردو متزلزل رہتی ہے۔

۱) لسانی چیلنج

اردو زبان کو سب سے پہلے لسانی چیلنج کا سامنا ہے۔ ہندی والوں کا ایک بڑا طبقہ، طلبا، اساتذہ، ہندی اخبارات، جرائد، نیوز چینلس، بلکہ مکمل میڈیا بے تکلف اور شان سے اردو کے جملے، فقرے اور استعارے' محاورے روز مرہ کی زبان میں استعمال کرتا ہے۔ فلموں

کے گانے اور نغمے اردو کے ہی مرہون منت ہیں جنھیں بڑے شوق سے گایا جاتا ہے مگر اسے اردو نہ کہہ کر 'ہندی' کہا جاتا ہے۔

۲)رسم الخط کا چیلنج

وقفے وقفے حکومت، انتظامیہ یا کچھ "بڑے "لوگوں کی جانب سے بڑی شدومد سے یہ آواز اٹھائی جاتی ہے کہ اردو کا رسم الخط تبدیل کر دیا جائے۔ جب کبھی ایسا مطالبہ کیا جاتا ہے اردو کے تن نازک میں زلزلے پیدا ہو جاتے ہیں۔ اس لیے نہیں کہ اس کا وجود مٹ جائے گا بلکہ اس لیے کہ اس جڑی جو تہذیبی روایات اور اقدار ہیں ،اسی طرح لاکھوں کروڑوں مداحوں کے جذبات بے موت مارے جائیں گے۔ ایک عظیم تہذیب کا خاتمہ ہو جائے گا جسے یہ صدیوں سے دلوں سے لگائے آرہے ہیں۔

۳)تلفظ کا چیلنج

اردو پڑھنے والے جاننے والے اور سمجھنے والوں کی اکثریت رو میں الفاظ اور جملوں کا غلط استعمال کر ڈالتی ہے۔ یہاں تک کہ اردو کے بڑے بڑے اسکالرز اور پروفیسران اس مرض میں مبتلا ہیں۔ طلبا اور عوام اس طرز کو سنتے ہیں اور اس قول پروفیسر ،دانشور و اسکالر کو دلیل بنا کر ہر جگہ بولتے ہیں۔ حالانکہ اس سے نقصان ہوتا ہے اور اردو کی اصل روح مٹ جاتی ہے۔ یہ ایک ایسا چیلنج ہے جس سے اردو کو بہت نقصان ہوا ہے۔ یہ غیروں کی جانب سے نہیں اپنوں کی جانب سے ہے۔ درد بڑھتا جارہا ہے مگر اس کا علاج و مداوا ابھی تک دریافت نہیں ہو سکا ہے۔

۴)اردو میں تحقیقی، طبع زاد اور بنیادی کام کا فقدان

روزنامہ راشٹریہ سہارا کی ۳ ستمبر ۲۰۱۳ کی اشاعت میں ایک حیرت انگیز خبر شائع ہوئی جس کی سرخی تھی ''اردو میں بیشتر تھیسس بغیر پڑھے ہی پاس کر دیے جاتے ہیں "

پھر اس کے ضمن میں متعدد اردو دانوں کے خیالات ہیں جن کا خلاصہ یہ ہے کہ آج اساتذہ کے پاس اتنا وقت بھی نہیں ہے کہ وہ اپنے شاگردوں کی کارکردگیوں کا بغور جائزہ لے سکیں بس ان کے مفوضہ کام مکمل دیکھ کر ان کی بنیاد پر پی ایچ ڈی اور ایم فل کی ڈگریاں دیدی جاتی ہیں۔ اگر کبھی دیکھنے کا وقت بھی ملتا ہے تو غیر معیار کاموں کو ہی پاس کر دیا جاتا ہے۔ اسی ضمن میں ایک بات یہ بھی کہی گئی کہ آج اردو زبان میں تحقیقی اور طبع زاد کاموں کا بڑی تیزی سے فقدان ہوتا جارہا ہے اس کے بجائے تراجم سے کام لیا جارہا ہے جو اردو کے لیے غیر مناسب علامت ہے۔"

یہ خیالات دانشوروں نے ایک تقریب میں کیے تھے بلکہ قصۂ درد سنایا تھا- آج کی صورت حال مذکورہ خیالات سے جدا نہیں ہے۔ آج بیشتر مقالے اور امور بس تکمیل کی بنیاد پر پاس کر دیے جاتے ہیں۔ یہ اردو کے وجود کے لیے بہت بڑا چیلنج ہے۔ اگر اس کا مداوا بروقت نہیں ہو سکا تو بعید نہیں کہ ایوان اردو میں الّو بولنے لگیں۔

۵)تراجم اور زبانوں کی منتقلی

چمنستان اردو میں یہ امور خزاں برپا کرنے کے مترادف ہیں کہ اپنے ذہن و ماغ سے متن لکھنے کے بجائے تراجم سے کام چلایا جاتا ہے۔ چنانچہ اردو صحافیوں کی ایک بڑی تعداد معاصر انگریزی اخبارات اور ویب سائٹوں سے ترجمہ کر کے مضامین لکھتی ہے۔ ان کے پاس اتنا وقت نہیں ہے کہ حالات کی برہم زلفوں کا خود جائزہ لیں اور ان پر' اپنی ذاتی ،رائے پیش کریں۔ یہی وجہ ہے کہ آج حالات حاضرہ پر ہزاروں مضامین لکھے جاتے ہیں، سینکڑوں اداریے، نظرات ،احوال ،پیش گفتار لکھی جاتی ہیں مگر حالات سدھرنے کے بجائے مزید خراب ہو جاتے ہیں۔

ایک دور وہ بھی تھا، اردو کا زرین عہد، جب حقیقی اور ذہن و دماغ سے اردو رشحات

قلم بن کر صفحات کو معطر کرتی تھی۔ اس کی خوشبوؤں سے نہ صرف ماحول درست ہوتے بلکہ آتشیں فضا میں برف کی بارشیں ہو جاتی تھیں اور کشیدہ ماحول جذبہ ہمدردی اور انسانیت سے بھر جاتے تھے۔ لیکن آج یہ سب باتیں، یہ سب خیالات ماضی کے قصے ہو گئے۔

۶) جدیدیت

اردو کے لیے ایک بڑا چیلنج جدیدیت ہے۔ نہ جانے کیوں اردو والے اس احساس کمتری کے شکار ہو گئے ہیں کہ جب تک ہم اردو اور انگریزی بولنے چالنے اور لکھنے پڑھنے میں یگانگت نہیں کریں گے قدامت پسند کہلائیں گے۔ چنانچہ حضرت حسین رضی اللہ عنہ کے یوم پیدائش کو "حسین ڈے" کے عنوان سے منایا جاتا ہے۔ اسی نام سے اخبارات و مجلوں میں اشتہارات و پیغامات دیے جاتے ہیں۔ جبکہ ہندی والے کسی طرح ہندی کا دامن نہیں چھوڑتے اور راجیو گاندھی کے یوم وفات کو "بلیدان دیوس" کے نام سے مناتے ہیں۔ یہ دو نمونے آپ کی خدمت میں پیش ہیں ایسے بہت سے نمونے آپ کو ملیں گے۔ ایک طرف ہندی والے ہیں جو کسی صورت ہندی کے ساتھ دوسری زبانوں کا امتزاج برداشت نہیں کرتے اور ایک ہم اردو والے جو انگریزی سے دل و جان کا رشتہ رکھتے ہیں۔ یاد رکھیے! یہ سوچ اور طریقہ اردو کے لیے سم قاتل ہے۔ اسی کے ساتھ اردو والوں کو خدشہ ہو رہا ہے کہ معاصر دنیا اسے اردو کے قالب و لباس اور تہذیب مے ں برداشت نہیں کرے گی۔ 'اردو والا' کہلانا آج گالی بنتا جا رہا ہے لہذا اردو کو اپنے گھروں سے نکال دو اور اپنے بچوں کو اس کے سائے سے بھی دور رکھو۔ یہ رجحان تیزی سے بڑھتا جا رہا ہے اور اردو کے بلند و بالا محلات مٹی میں مل رہے ہیں۔

۷) ادب اور فن کے معیار میں زوال

چھوٹے اداروں کا تو ذکر کیا آج بڑی بڑی دانش گاہوں کی فارغین نئ نسل کا حال یہ ہے کہ نہ اسے ادب سے صحیح معنوں میں واقفیت ہوتی ہے اور نہ ہی وہ فن جانتی ہے۔ یہ تو بہت بڑی باتیں ہیں، وہ اپنے جذبات تک کا اظہار ادبی انداز میں نہیں کر سکتی۔ کہانیاں افسانے، ناول اور نظم و غزل تو دور کی بات۔ چھوٹے چھوٹے جملوں کی ساخت اس کے لیے مشکل ہو جاتی ہے۔ ہاں دوسروں کی غزلیں، نظمیں، اشعار اور مغلظات انھیں ازبر ہوتی ہیں۔یہی وجہ ہے کہ آج عموماً ۱۸ سال۔ ۱۹سال ۲۲ سال اور ۳۰سال کے قلم کار نظر نہیں آتے 'جو بھی ہیں یا تو وہ خاندانی ہیں یا پھر عمر رسیدہ۔ یہ صورت حال بھی اردو کی زبوں حالی کی علامت ہے۔

۸)اردو۔ انگریزی

اسی سے ملتی جلتی ایک پریشانی یہ ہے کہ جن اداروں کو اردو کا منبع، مرکز اور گھر کہلانے کا شرف حاصل ہے۔یونیورسٹیوں، جامعات کے اردو شعبوں میں تمام امور اردو کے بجائے انگلش مے ں کیے جاتے ہیں۔ بہانہ یہ کیا جاتا ہے کہ ملازمین اردو سمجھ نہیں سکتے اس لیے مجبوراً ایسا کیا جاتا ہے۔یہ کوئی مجبوری نہےں ہے۔ بس بات ہے۔ اروو شعبوں کے سربراہوں اور ذمے داروں کو اس بات کا احساس نہیں ہے کہ یہ باتیں چھوٹی چھوٹی ضرور ہیں مگر ان کے اثرات بہت شدید اور مہلک ہوتے ہیں۔

۹)سوشل میڈیا کا چیلنج

فی زمانہ انٹرنیٹ معلومات کے حصول میں اہم کردار ادا کرتا ہے لیکن یہاں بھی اردو زبان میں سائنسی و تحقیقی موادنہ ہونے کے برابر ہے۔اس ضمن میں سرکاری اداروں پر کڑی ذمے داری عاید ہوتی ہے۔ ہمارے ملک کو آزاد ہوئے ۶۳ سال کا عرصہ بیت گیا ہے لیکن عجیب بات ہے کہ ہم آج تک اردو زبان میں مستند ترجمے کی سہولت فراہم

کرنے سے قاصر ہیں۔ ترجمے کی سہولت اگر میسر آجائے تو کم از کم انٹرنیٹ پر موجود معلومات کے بیش بہا خزانے سے کسی طور تو بہرہ مند ہوا جاسکتا ہے۔

انٹرنیٹ اور اس کی ذیلی سوشل سائٹس پر ایسا نہیں ہے کہ اردو نہیں ہے یا شائقین اردو، اردو میں کام نہیں کرتے مگر اصل دکھ اس بات کا ہے کہ مذکورہ سائٹس نے اسے بطور زبان اپنے پیکیج میں شامل نہیں کیا ہے۔ چنانچہ آپ کو انٹرنیٹ پر زبان کے خانوں میں تمل اور تیلگو جیسی محدود علاقائی زبانیں مل جائیں گی مگر اردو ندارد ہے۔ اگر وقت حاضر میں اردو کو انٹرنیٹ سے متعارف نہیں کرایا گیا اور زبانوں کے زمرے میں اسے مقام نہ دلایا گیا تو اردو کا خاتمہ یقینی ہے۔ انٹرنیٹ جس نے ساری دنیا کو جوڑ رکھا ہے اس اہم ترین سائٹ پر اردو زبان کے فروغ کے لیے کی گئی کوششیں آٹے میں نمک کے برابر ہیں۔ ضرورت اس بات کی ہے کہ انٹرنیٹ پر اردو کے فروغ کی اہمیت کو سمجھا جائے۔ اگر ہم ملک میں علمی و تحقیقی انقلاب لانا چاہتے ہیں تو انٹرنیٹ پر اردو زبان میں معلومات کو عام کرنے کو منصوبے کے بجائے مقصد بنا کر اس پر عمل کرنا ہو گا۔

Urdu language and the challenges of modern age. Essay: Imran Akif Khan

***

۸

اردو اور روزگار-حال محفوظ نہ مستقبل روشن

سہیل انجم

اردو کو روزگار سے جوڑنے کے مسئلے پر خوب باتیں ہوتی ہیں۔ کانفرنسیں بلائی جاتی ہیں، سمینار ہوتے ہیں، مقالے پڑھے جاتے ہیں، سفارشیں اور قراردادیں منظور کی جاتی ہیں اور پھر چند گھنٹوں کی ہنگامہ آرائی کے بعد اس معاملے کو طاق نسیاں کی زینت بنا دیا جاتا ہے۔ یہ معاملہ گھوم پھر کر پھر وہیں آجاتا ہے جہاں ان ہنگاموں سے قبل تھا۔ روزگار سے اردو کے تعلق کا گراف اوپر اٹھنے کے بجائے مزید نیچے چلا جاتا ہے۔ جنوبی ہند میں صورت حال پھر بھی کچھ غنیمت ہے لیکن شمالی ہند میں جو کہ کبھی اس کا گھر آنگن ہوا کرتا تھا، حالات دن بدن ابتر ہوتے جا رہے ہیں۔ اردو کو روزگار سے جوڑنے کی باتیں حکومتی سطح پر بھی کی جاتی ہیں اور غیر حکومتی سطح پر بھی۔ لیکن نتیجہ وہی ڈھاک کے تین پات۔ آیئے سر دست دہلی میں اردو اور ورزگار کی صورتحال کا جائزہ لیتے ہیں جو اردو کا ایک دبستان رہا ہے، ملک کا دارالحکومت بھی ہے اور جہاں اردو کو دوسری سرکاری زبان کا درجہ بھی حاصل ہے۔

کسی بھی زبان کو سرکاری درجہ حاصل ہونے کا مطلب یہ ہوتا ہے کہ اب حکومت کے تمام کام اس زبان میں بھی ہوں گے۔ تمام محکموں میں اس زبان کے آفیسر رکھے

جائیں گے۔ بقدر ضرورت مترجمین کا تقرر ہو گا۔ اس زبان میں درخواست لینے والا عملہ ہو گا۔ حکومت کے تمام اعلانات و اشتہارات مذکورہ زبان میں بھی جاری کیے جائیں گے۔ اس زبان کی تعلیم کا بند وبست کیا جائے گا وغیرہ وغیرہ۔ جب دہلی میں اردو کو دوسری سرکاری زبان کا درجہ حاصل ہوا تو ضروری ہو گیا کہ یہ تمام کام کیے جائیں۔ لیکن کیا ایسا ہوا اور کیا تمام سرکاری کام واقعی اردو زبان میں بھی ہونے لگے اور اس کے لیے اردو عملہ رکھا گیا۔ جب ہم اس کا جائزہ لیتے ہیں تو انتہائی مایوسی ہوتی ہے۔ حقیقتِ واقعہ یہ ہے کہ دوسری سرکاری زبان کا درجہ ملنے کے بعد اردو کا مزید زوال ہوا ہے۔ اگر کسی محکمہ سے کوئی اردو والا ریٹائر ہوا تو اس کی جگہ پر کسی دوسرے شخص کا تقرر نہیں ہوا۔ نوبت بہ ایں جا رسید کہ اب تو دہلی حکومت کے محکمے اردو زبان میں لکھی ہوئی درخواستیں بھی نہیں لیتے۔ پوچھنے پر کہتے ہیں کہ اردو جاننے والا کوئی نہیں ہے۔ متعلقہ ذمہ داروں سے بات کیجیے تو مجہول سا جواب دیتے ہیں کہ اردو والے ملتے ہی نہیں۔

جبکہ سچائی یہ ہے کہ اردو تعلیم یافتہ ہزاروں نوجوان بے روزگار ہیں۔ حکومت خالی اسامیوں کے لیے اشتہار ہی نہیں نکالتی اور اگر کوئی محکمہ غلطی سے نکالتا بھی ہے تو متعصب افسران جھوٹے سچے اعتراضات کر کے درخواستیں رد کر دیتے ہیں۔ حکومت کی یہ آئینی ذمہ داری ہے کہ جب کوئی زبان سرکاری درجہ حاصل کر لے تو سرکاری محکموں میں کسی بھی عہدے پر تقرری کے لیے یہ بات لازمی طور پر دیکھی جائے کہ امیدوار اس زبان کو جانتا ہے یا نہیں۔ گویا سرکاری ملازمتوں میں تقرری کے لیے امیدوار کے لیے مذکورہ زبان کا جاننا ضروری ہو جاتا ہے۔

یعنی دہلی میں اگر کسی شخص کی تقرری کسی سرکاری محکمہ میں ہوتی ہے تو یہ لازمی ہے کہ وہ اردو اور پنجابی یا ان دونوں زبانوں میں سے کوئی ایک زبان جانتا ہو۔ اگر اس پر عمل

نہیں ہوتا تو اس کا مطلب یہ ہے کہ حکومت اپنی آئینی ذمہ داری سے انحراف کر رہی ہے۔ کیا دہلی میں کسی تقرری میں اس ضابطے کی پاسداری کی جاتی ہے؟ ظاہر ہے اس کا جواب نفی میں ہے۔ اگر اس کی پاسداری کی جائے تو آج ہزاروں اردو والے ملازمت حاصل کر لیں اور اردو کو روزگار سے جوڑنے کا رونا دھونا بند ہو جائے۔ لیکن یہاں کی حکومت اپنی آئینی ذمہ داری کی مسلسل خلاف ورزی کر رہی ہے۔

مثال کے طور سرکاری اسکولوں کا معاملہ لے لیجیے۔ ان میں اردو کی سینکڑوں اسامیاں خالی ہیں۔ لیکن تقرری نہیں کی جاتی۔ نہ تو اردو میڈیم اسکولوں میں اور نہ ہی دیگر اسکولوں میں۔ حکومت نے ایک بے معنی سا بہانہ گھڑ لیا ہے کہ اردو والے ملتے نہیں۔ دوسرا بہانہ یہ ہے کہ اساتذہ کی تقرری کے لیے ریکروٹمنٹ رول ہی نہیں ہے۔ کیوں نہیں ہے۔ اور اگر نہیں ہے تو اس کی ذمہ داری کس پر عائد ہوتی ہے۔ دوسری زبانوں کے اساتذہ کی تقرری کیسے ہوتی ہے۔ اگر ان کا آر آر (ریکروٹمنٹ رول) ہے تو اردو کا کیوں نہیں ہے۔ ہزاروں ٹی جی ٹی اور پی جی ٹی اردو والے بے روزگار گھوم رہے ہیں لیکن لولا لنگڑا بہانہ بنا کر معاملے کو ٹال دیا جاتا ہے۔

دہلی سب آرڈینیٹ سروس سلیکشن بورڈ کے تحت دہلی کے سرکاری اسکولوں میں اساتذہ کا تقرر کیا جاتا ہے۔ ۲۰۰۹ میں اسکولوں میں اساتذہ کی خالی اسامیوں کے لیے اشتہار دیا گیا تھا جس میں اردو مضمون کے ٹی جی ٹی، پی جی ٹی اور پرائمری کے اردو میڈیم اساتذہ کی کی اسامیاں بھی شامل تھیں۔ دیگر مضامین کی اساتذہ کی تقرریاں ہو چکی ہیں لیکن اردو کے اساتذہ کی تقرری ابھی تک نہیں ہوئی ہے۔ ۱۲ مئی ۲۰۱۲ کو ٹی جی ٹی اردو کے لیے مقابلہ جاتی امتحان منعقد کرایا گیا تھا اور تقریباً ڈیڑھ سال گزرنے کو ہے لیکن ابھی تک اساتذہ کا تقرر نہیں کیا گیا۔ اس کے علاوہ ۲۰۱۰ میں بھی اسکولوں میں اردو اساتذہ کی

خالی اسامیوں کے لیے اشتہار دے اگیا تھا لے کن ابھی تک مقابلہ جاتی امتحان بھی منعقد نہیں ہوا ہے چہ جائے کہ تقرری عمل میں آئے۔

ایک عرصہ قبل دہلی اردو اکیڈمی کو اردو استاد رکھنے کی ذمہ داری سونپی گئی تھی۔ حالانکہ یہ غلط تھا۔ اکیڈمی کا کام اساتذہ کا تقرر کرنا نہیں ہے۔ پھر بھی اس نے یہ ذمہ داری ایک عرصے تک نبھائی۔ اب اس کے موجودہ وائس چیئرمین پروفیسر اختر الواسع کا کہنا ہے کہ ہم یہ کام نہیں کریں گے۔ ایک تو یہ ہماری ڈیوٹی نہیں اور دوسرے اکیڈمی کے توسط سے جن کی تقرری ہوتی ہے ان کو دوسرے اساتذہ کے مقابلے میں کم تنخواہ دی جاتی ہے۔ تو پھر ہم یہ جرم اپنے سر کیوں لیں۔ یہ کام حکومت کا ہے وہی کرے۔ ان کی یہ بات درست ہے۔ لیکن اب اکیڈمی کے توسط سے اردو اساتذہ کی تقرری کا سلسلہ بھی بند ہو گیا ہے۔

یہ تو رہی اجمالی طور پر سرکاری محکموں اور اسکولوں میں تقرری کی بات۔ اب ذرا وسیع تناظر میں دیکھتے ہیں اور دہلی یونیورسٹی سے ملحقہ کالجوں اور یونیورسٹیوں پر نظر ڈال لیتے ہیں۔ ان کی بھی حالت اسکولوں سے کوئی بہت بہتر نہیں ہے۔ وہاں بھی یہی صورت حال ہے کہ ایک استاد سبکدوش ہو گیا تو اس کی جگہ پر دوسرے کی تقرری نہیں ہوتی۔ جس کی وجہ سے آج دہلی یونیورسٹی سے وابستہ ایسے بہت سے ایسے کالج ہیں جہاں اس متعصبانہ روش کی وجہ سے اردو کے شعبے ہی بند ہو گئے ہیں۔ مثال کے طور پر خالصہ کالج، لیڈی شری رام کالج اور مرانڈہ ہاوس کو پیش کیا جا سکتا ہے۔

خالصہ کالج میں دس بارہ سال قبل شہاب جعفری کے ریٹائرمنٹ کے بعد (اب تو ان کا انتقال بھی ہو گیا) کسی کو نہیں رکھا گیا۔ وہاں اردو پڑھنے والے بہت سے طلبہ آتے ہیں لیکن انتظامیہ کی جانب سے کہہ دیا جاتا ہے کہ یہاں اردو شعبہ نہیں ہے۔

ماتا سندری کالج میں ایک عرصے تک گیسٹ لیکچرر سے کام لیا گیا۔ اب شائد دو سال قبل ایک مستقل استاد کی تقرری ہوئی ہے۔ لیڈی شری رام کالج میں شاہدہ زیدی کی سبکدوشی کے بعد کسی کی تقرری نہیں ہوئی۔ اس میں اور مرانڈہ ہاوس میں ایک ایک استاد عارضی طور پر پڑھا رہے ہیں۔ جبکہ ان دونوں کالجوں میں طلبہ کی تعداد بہت زیادہ ہے۔ اسی طرح ذاکر حسین کالج، ستیہ وتی کالج، دیال سنگھ کالج اور کروڑی مل کالج وغیرہ میں اردو کے شعبے تو ہیں لیکن اساتذہ کی کمی ہے۔

دیال سنگھ کالج کا معاملہ یہ ہے کہ اس کے بانی نے اپنی وصیت میں کہا تھا اور جو کالج کے Preamble میں بھی شامل ہے کہ یہاں پنجابی اور اردو کی تعلیم ناگزیر ہے۔ یہ دونوں شعبے ختم ہی نہیں کیے جاسکتے۔ لیکن صورت حال یہ ہے کہ مارننگ اور ایوننگ میں بس ایک ایک ہی مستقل استاد ڈاکٹر مولی بخش اور ڈاکٹر ساجد حسین پڑھا رہے ہیں۔ ایک استاد ڈاکٹر ابو ظہیر ربانی ایڈہاک پر پڑھا رہے ہیں۔ جبکہ وہاں بھی اردو طلبہ کی تعداد زیادہ ہے اور وہاں ابھی تین اساتذہ کی ضرورت ہے۔ طرفہ تماشہ یہ ہے کہ یونیورسٹی کے ذمہ داران کہتے ہیں کہ اردو کے طلبہ ہی نہیں ہیں اور اردو اساتذہ اس بات کی تردید کرتے ہیں۔ ان کا کہنا ہے کہ طلبہ تو موجود ہیں لیکن انتظامیہ ہی کسی کا تقرر کرنا نہیں چاہتی۔

جمنا پار کا علاقہ اردو کا بہت بڑا علاقہ ہے۔ لیکن وہاں کسی بھی کالج میں اردو کا شعبہ ہی نہیں ہے۔ دہلی یونیورسٹی میں شعبہ اردو کے سابق صدر پروفیسر ابن کنول کے مطابق انھوں نے اس بارے میں کافی جدوجہد کی تھی لیکن کوئی فائدہ نہیں ہوا۔ وہ امبیڈکر کالج شاہدرہ کی مثال دیتے ہیں اور کہتے ہیں کہ ان کی انتھک کوششوں سے وزیر اعلی شیلا دیکشت اس پر راضی ہو گئیں کہ اس میں شعبہ اردو قائم کیا جائے۔ لیکن جب معاملہ دہلی یونیورسٹی کی انتظامیہ کے پاس پہنچا تو وہاں معلق ہو گیا۔ بقول ان کے انتظامیہ کو اس سے

کوئی دلچسپی نہیں ہے کہ ڈی یو کے کالجوں میں اردو شعبے کھولے جائیں۔

پروفیسر ابن کنول وقتاً فوقتاً جامعہ ہمدرد میں شعبہ اردو نہ ہونے کا معاملہ بھی اٹھاتے ہیں۔ لیکن اس میں بھی اردو کا شعبہ قائم کرنے میں کسی دلچسپی کا مظاہرہ نہیں کیا جاتا۔

دہلی یونیورسٹی کے شعبہ اردو میں غالباً پندرہ سال سے کوئی تقرری نہیں ہوئی ہے۔ وہاں فی الحال ۱۲ اساتذہ پڑھا رہے ہیں۔ جبکہ پروفیسر کی تین، ایسوسی ایٹ پروفیسر کی چار اور اسسٹنٹ پروفیسر کی چھ اسامیاں خالی ہیں۔ ان کو پر کرنے کے بجائے ایڈہاک پر کام چلایا جاتا ہے۔ وہاں اس وقت ایڈہاک پر چھ اساتذہ پڑھا رہے ہیں۔ جبکہ دوسرے شعبوں میں ادھر جگہ خالی ہوئی ادھر تقرری ہو گئی۔ لیکن نا انصافی ہے تو اردو کے ساتھ۔ اسامیاں پر کرنے میں انتظامیہ کو کوئی دلچسپی نہیں۔ جے این یو اور جامعہ ملیہ اسلامیہ کے شعبہ اردو میں تو تقرری ہو جاتی ہے۔ جے این یو کے شعبہ اردو میں کل ۹ اسامیاں ہیں۔ جن میں سات پُر ہیں اور دو خالی ہیں۔ ان اسامیوں کو مشتہر کر دیا گیا ہے۔ جامعہ کے شعبہ اردو میں کل ۱۲ اساتذہ ہیں۔ جبکہ پروفیسر اور اسسٹنٹ پروفیسر کی ایک ایک اسامیاں خالی ہیں جن کو پر کرنے کے لیے درخواستیں مانگی جا چکی ہیں۔

جے این یو کے شعبہ اردو سے وابستہ ڈاکٹر انور پاشا نے اردو کو روزگار سے جوڑنے کی غرض سے دہلی حکومت کو اس کی آئینی ذمہ داری کا احساس دلایا اور اسے گزشتہ دنوں ایک میمورنڈم دیا۔ جس میں انھوں نے کہا ہے کہ یہ حکومت کا آئینی فریضہ ہے کہ وہ اردو کے دوسری سرکاری زبان بن جانے کے بعد اس کی تعلیم کا انتظام کرے اور اسکولوں اور کالجوں میں اردو کی تعلیم کی کمی کو پورا کرے۔ جن سرکاری محکموں میں اردو جاننے والے نہیں ہیں ان میں اردو داں افراد کی تقرری کرے۔ ان کا کہنا ہے کہ حکومت اس آئینی ذمہ داری کا بھی پاس و لحاظ رکھے کہ ملازموں کی تقرری کے وقت یہ بات خاص طور پر

دیکھے کہ امیدوار اردو یا پنجابی جانتا ہے یا نہیں۔ اگر وہ ایسا نہیں کرتی تو اس کا مطلب یہ ہوا کہ وہ آئین کی خلاف ورزی کر رہی ہے۔ ان کا ایک مطالبہ یہ بھی ہے کہ گجرال کمیٹی کے سہ لسانی فارمولے کے تحت اردو کو قومی سطح پر ہندی اور انگریزی کے بعد تیسری زبان کے طور پر اختیار کیا جائے۔ تاکہ لوگ اردو پڑھ سکیں اور اس کے توسط سے روزگار حاصل کر سکیں۔ بقول ان کے وزیر اعلی کے دفتر نے میمورنڈم تو لے لیا لیکن اس کا کوئی جواب نہیں آیا۔

اب ان کا منصوبہ یہ ہے کہ دہلی میں اسمبلی الیکشن کے موقع پر تین بڑی پارٹیوں کانگریس، بی جے پی اور عام آدمی پارٹی کو میمورنڈم دیں گے کہ وہ اپنے انتخابی منشور میں اردو تعلیم اور اردو کو روزگار سے جوڑنے کا وعدہ کریں تاکہ الیکشن بعد اس کی بنیاد پر ہم نئی حکومت کے سامنے اپنا مطالبہ رکھ سکیں۔

اردو کو نقصان پہنچانے اور اسے روزگار سے کاٹنے کا سلسلہ یہیں تک محدود نہیں ہے۔ اب گریجوایشن میں جس چار سالہ ڈگری کورس کا دہلی یونیورسٹی کی جانب سے اعلان کیا گیا ہے اس سے بھی اردو بری طرح متاثر ہوگی۔ اس کی زک دیگر زبانوں کے ساتھ ساتھ اردو پر بھی پڑے گی۔ اس سلسلے میں دیال سنگھ کالج میں شعبہ اردو کے صدر ڈاکٹر مولوی بخش کافی جد وجہد کر رہے ہیں۔ ان کا کہنا ہے کہ چار سالہ کورس کا نصابی ڈھانچہ تیار کرتے وقت زبانوں کے فروغ کے لیے پچاس برسوں سے رائج رعایت کو ختم کر دیا گیا ہے۔ چار سالہ کورس کے داخلے کے دوران صرف اردو پڑھنے والے بچوں کو ہی نہیں بلکہ کسی بھی زبان کے طالب علم کو داخلے میں اب کوئی رعایت نہیں ملے گی۔ بقول ان کے دہلی یونیورسٹی کے [Four year under graduate prog [FYUP کے تحت یہ اصول بنا دیا گیا ہے کہ داخلے صرف Dc-I یعنی کسی بھی سبجیکٹ کے آنرس میں

ہی ہوں گے۔ کیونکہ اب پاس کورس ختم ہو چکا ہے۔ اس کا مطلب یہ ہوا کہ چار سالہ کورس کے ضابطے کے مطابق ہر جگہ آنرس کا انتظام کرنا یونیورسٹی کے لیے لازمی ہے۔

اگر اردو کو سامنے رکھیں تو کروڑی مل، ذاکر حسین اور ستیہ وتی کالج میں Dc-I یعنی آنرس پہلے سے موجود تھا، لہٰذا وہاں کوئی نقصان نہیں ہوگا باقی کالجوں میں جہاں آنرس نہیں ہے وہاں ایک مکمل ٹیچر کی بھی ضرورت نہیں رہ گئی ہے۔ ان کے مطابق دیال سنگھ کالج میں جب آئندہ سال سے یہ نظام نافذ ہو جائے گا تو جہاں مزید تین استاد کی ضرورت ہے وہاں ان کی اپنی ضرورت بھی نصف رہ جائے گی۔

ابھی گزشتہ دنوں اردو کے سب سے بڑے حکومتی ادارے قومی کونسل برائے فروغ اردو زبان کے زیر اہتمام دہلی میں ایک بین الاقوامی اردو کانفرنس کا انعقاد کیا گیا تھا۔ جس میں کلیدی خطبہ پیش کرتے ہوئے معروف ادیب، افسانہ نگار اور ناول نویس ایس ایم اشرف نے کہا کہ "۔۔۔ دراصل اسکول کے نظام سے اردو کا اخراج ہی اردو کے زوال کا اصل سبب بن گیا۔ جب تک اسکول کے نظام میں اردو کا احیاء نہیں ہوتا قومی زندگی میں اردو کا احیاء ممکن ہی نہیں ہے۔۔۔"

ان کی یہ بات بالکل درست ہے۔ لیکن حکومت کا کیا رویہ ہے اس کا اندازہ سطور بالا سے لگایا جا سکتا ہے۔ اس کی جانب سے مسلسل یہ یقین دہانی کرائی جاتی ہے کہ ہم اردو کے ساتھ ناانصافی نہیں ہونے دیں گے، اس کو اس کا حق دیں گے اور اسے روزگار سے جوڑیں گے۔ لیکن جب حق دینے کا موقع آتا ہے تو پیشگی تیار شدہ بہانے کام آجاتے ہیں۔

اس میں کوئی شک نہیں کہ تعلیمی نظام اور روزگار سے اردو زبان کو ایسے بے دخل کیا جا رہا ہے جیسے کہ کوئی درانداز کسی کے گھر میں گھس جائے اور اس کا ہاتھ پکڑ کر باہر کر دیا جائے، اگر وہ آسانی سے نہیں نکلتا ہے تو بزور طاقت اسے گھر سے نکال دیا جائے۔ جہاں

اردو کو آسانی سے نکالنا ممکن تھا وہاں سے اسے آسانی سے نکال دیا گیا اور جہاں سے وہ آسانی سے نہیں نکل رہی ہے (یعنی لوگوں کے دلوں سے) وہاں سے اسے زبردستی نکالنے کی ترکیبیں لگائی جارہی ہیں۔

اس میں کوئی شک نہیں کہ اردو کو جب تک نصاب میں داخل نہیں کیا جائے گا اور اس کو روزگار سے نہیں جوڑا جائے گا اس کا احیا ممکن نہیں ہے۔ احیا تو دور کی بات ہے اس کا تحفظ بھی ممکن نہیں ہے۔ اس وقت اردو ایک زوال آمادہ زبان بن کر رہ گئی ہے۔ اس کے زوال کو روکنا وقت کی سب سے بڑی ضرورت ہے۔

لیکن اردو کے زوال کو مشاعروں اور سمیناروں کے انعقاد اور قوالیوں کی محافل آراستہ کر کے نہیں روکا جا سکتا۔ ارباب اقتدر و اختیار کی جانب سے بار بار یہ کہنا کہ اردو بڑی میٹھی زبان ہے، محبت کی زبان ہے، دلوں کو جوڑنے کی زبان ہے، گنگا جمنی تہذیب کی زبان ہے دراصل اردو والوں کو تھپک تھپک کر سلانے کے مترادف ہے۔

یہ ایسا میٹھا زہر ہے جو اہل اردو کو مدہوش کیے دیتا ہے اور پھر انھیں اس کا ہوش نہیں رہتا کہ ان کی زبان کے ساتھ کیسا سفاکانہ رویہ اختیار کیا جا رہا ہے۔ کیا ارباب حکومت اور اہل اردو اس صورت حال کو بدلنے کے لیے تیار ہیں؟

Urdu and jobs - present and future are not secured. Essay: Suhail Anjum

***

۹

سعادت حسن منٹو - ایک جائزہ

جاوید اختر

آج ادبی دنیا منٹو صدی منارہی ہے اور اسی کے پیشِ نظر ماضی میں لاتعداد سمینار بھی ہوئے۔ ۱۱؍ مئی ۱۹۱۲ء کو سمبرالہ، امرتسر میں منٹو کی پیدائش ہوئی، گو انھوں نے ۴۲؍سال ۸؍ماہ اور ۹؍دن کی زندگی پائی اور ۱۸؍جنوری ۱۹۵۵ء کو ان کا انتقال ہوا۔ سعادت حسن ہمیشہ متنازع شخصیت رہے اور مرنے کے بعد بھی آج بھی وہ موضوع بحث ہیں۔ اس کی مثال یہ ہے کہ ان کے نام کے ساتھ اخیر میں مَنٹو یا مِنٹو کا لگانا بھی آج تک کوئی رائے قائم نہ کرسکا۔ بعض محققین کے لیے وہ مَنٹو ہیں تو بعض کے لیے وہ مِنٹو ہیں۔ ڈاکٹر برج پریمی نے جہاں انھیں مَنٹو کہا وہیں وارث علوی جیسے نقاد نے مِنٹو کے نام سے پکارا۔ زبر اور زیر کی اہمیت اپنی جگہ مسلم ہے، جیسا کہ ایک نقطہ کی غلطی سے خدا لفظ جدا ہوجاتا ہے۔ مگر یہ الگ موضوعِ بحث ہے۔ اسی طرح منٹو کی ادبی تحریریں تنازعہ کا شکار رہیں۔ آج ان کے انتقال کے ۵۸ سال کے طویل عرصے بعد بھی بعض کے نزدیک وہ فحش افسانہ نگار ہیں تو بعض دوسروں کے نزدیک وہ محض باغیانہ خیالات کے مالک تھے۔ اور حقیقت پسند تھے۔ گو وہ فحش نہیں لکھتے تھے بلکہ سماج کی تصویر کی سچی عکاسی کرتے تھے اور سچ بھی یہی ہے کہ وہ حقیقت پسند تھے اور یہی وجہ ہے کہ ان کی بعض دوسری

تحریروں میں بھی سماج کی صحیح عکاسی غیر جانبدارانہ اور باغیانہ طور پر ہوئی، جیسے منٹو کے مضامین، ان کے خطوط، ڈرامے، خاکے وغیرہ منٹو کی شخصیت کی غمازی ہیں۔ خاص طور پر منٹو کے خطوط کے سلسلے میں، انکل سام کے نام لکھے گئے خطوط اس بات کا ثبوت فراہم کرتے ہیں کہ وہ محض باتونی نہیں تھے، بلکہ دنیا کا درد اپنے سینے میں سمار کھتے تھے۔ یہ محض اتفاق کی بات نہیں بلکہ ان کی جرأت مندی اور ہوش مندی کا بھی ثبوت فراہم کرتا ہے جو وہ اس وقت کہ جب معمولی بات بھی چنگاری کی شکل اختیار کرلیتی تھی۔ بات اُن دنوں کی ہے جب ابھی پاکستان بھی وجود میں نہیں آیا تھا۔ ہندوستان انگریزوں کا غلام تھا۔ اردو فکشن نے شعور کے ناخن لینا شروع کیا تھا، منٹو داد کے مستحق ہیں، جنھوں نے نڈر اور بے باکی سے اس زمانے میں اپنے افسانوں سے وہ ساری باتیں کہہ ڈالیں جو اس وقت کا افسانہ نگار ہمت بھی نہیں کرپارہا تھا۔ مگر منٹو نے ادب کے نئے زاویے، نئی راہ وا کیے۔ یہ کہنا غیر مناسب نہ ہوگا کہ منٹو نے آنے والی نسلوں کو بھی افسانہ لکھنا سکھایا۔ "آتش پارے" سعادت حسن منٹو کا پہلا افسانوی مجموعہ ہے جو ۱۹۳۶ء میں چھپا تھا۔ دیباچے میں وہ خود رقم طراز ہیں:

"یہ افسانے دبی ہوئی چنگاریاں ہیں۔ ان کو شعلوں میں تبدیل کرنا پڑھنے والوں کا کام ہے۔"

ان کی تحریریں افسانے کی شکل میں اس دور کے سیاسی اور سماجی حالات اور ان حالات کے پیدا کیے ہوئے احساسات کی عکاسی ہے۔ خود منٹو اپنے متنازعہ کارناموں کے باعث جیل گئے اور ان پر مقدمات بھی درج ہوئے۔ منٹو نے ۱۹۱۹ء کی ایک بات جیسے افسانے لکھ کر دراصل ان جذبوں کی قدر میں اضافہ کیا ہے جو باطل کے ہاتھوں شہید ہو جاتے ہیں۔ دراصل انھوں نے شہدا کو خراجِ عقیدت پیش کیا ہے۔ بقول ڈاکٹر نگار

عظیم " بچپن سے انگریزوں کی تشدد پسندی کا تماشا دیکھنے والا منٹو بالغ النظر ہو کر جب باری صاحب صحبت میں آتا ہے روسی دہشت پسندوں کی سرگرمیوں کا مطالعہ کرتا ہے اور آسکر وائلڈ کے ضبط شدہ ڈرامے "ویرا" کا ترجمہ کرنے کے بعد سے ہی منٹو کی ذہنی ساخت کا اندازہ ملتا ہے۔

"نیا قانون" دراصل سعادت حسن منوٹ کا پہلا شاہکار افسانہ ہے۔ اس افسانے کا اختتام منٹو نے بڑے ہی پُر اثر انداز میں کیا ہے۔ گو منٹو نے اپنے افسانوں میں تکنیک، زبان و اسلوب اس کے اجزائے ترکیبی وغیرہ کو ہمیشہ اہم جانا ہے۔ یہ سچ ہے منٹو کسی بندھے ٹکے نظریے کے قائل نہ تھے، بلکہ وہ باغیانہ خیالات کو اپنے افسانوں کے ذریعہ پیش کر رہے تھے۔

حوالے کے طور پر مشہور نقاد پروفیسر ابوالکلام قاسمی کا مضمون "منٹو کے بعد اردو افسانہ: شخصیات اور رجحانات" پیش کرنا چاہوں گا، جس میں وہ فرماتے ہیں:

"منٹو کا زمانہ وہی ہے جو ترقی پسند تحریک کے عروج کا زمانہ ہے، مگر زندہ رہنے والے فنکار تحریکات کا کبھی شکار نہیں ہوتے۔ سو منٹو نہ ترقی پسند رہا اور نہ غیر ترقی پسند۔ وہ ایک افسانہ نگار تھا اور صرف افسانہ نگار۔" (رسالہ ادیب، ص ۹۶)

سچ ہے منٹو کسی تحریک کا شکار نہ ہوئے بلکہ وہ خود اپنے آپ میں ایک تحریک تھے۔ راقم اپنے استاد اور مشہور ناقد پروفیسر ابوالکلام قاسمی کے اس نظریے کو آگے بڑھاتے ہوئے اس ضمن میں یہ کہنا چاہتا ہے کہ جیسا کہ بعض کے نزدیک منٹو ترقی پسند تو بعض کے نزدیک رجعت پسند یا بعض کے نزدیک فحش پسند تھے مگر راقم یہ کہنے کی جسارت کر رہا ہے کہ نہ تو وہ ترقی پسند تھے، نہ رجعت پسند یا پھر فحش پسند تھے، ہاں مگر وہ حقیقت پسند ضرور تھے۔

فحش کے حوالے سے یہ عرض کرتا چلوں کہ فحاشی ہمارے سماج کے ذہنوں میں ہے نہ کہ منٹو کی تحریروں میں۔ سچ تو یہ ہے کہ منٹو کے بغاوت کے عناصر جنسی نگاری اور عریاں نگاری سے کہیں آگے کی چیز ہے۔ بقول منٹو:

"ہماری تحریریں آپ کو بڑی کڑوی کسیلی لگتی ہیں مگر اب تک جو مٹھاس آپ کو پیش کی جاتی رہی ہیں، ان سے انسانیت کو کیا فائدہ ہوا ہے۔۔۔ نیم کے پتے کڑوے سہی مگر خون ضرور صاف کر دیتے ہیں۔"

منٹو کو ماہر نفسیات بھی قرار دیا جاتا ہے اور یہ ایک حد تک درست بھی ہے۔ بقول حقانی القاسمی:

"منٹو نے انسانی ذہن کی پر اسراریت کو سمجھا، منٹو نفسیات انسانی کے نباض تھے۔"
(شکیل الرحمن کا جمالیاتی وجدان، ص ۱۰۴)

بانجھ، ڈرپوک، ٹیڑھی لکیر، اور چغد وغیرہ منٹو کے نفسیاتی افسانوں میں آتے ہیں۔ مگر بقول جناب فاروق اعظم قاسمی (جواہر لال نہرو یونیورسٹی) ان افسانوں کو نفسیات کا موضوع قرار دینا مناسب نہیں، کیوں کہ نفسیات کا تعلق اسلوب و تکنیک سے ہے۔"

ماہر منٹو نے منٹو کی شخصیات کے لگ بھگ سبھی دریچوں کو عیاں کیا ہے مگر یہ عرض کرنا چاہتا ہوں، آج کے چند ناقدین منٹو کو صرف بطور افسانہ نگار ہی پرکھتے ہیں اور اس پر حد یہ ہے کہ چند گنے چنے افسانوں کو ہی اہم بتا کر اپنی علمی معیار کو جتانے کی کوشش کرتے ہیں۔ ہمیں بھی اس کا اندازہ ہے کہ منٹو کے چنندہ افسانے مثلاً ٹھنڈا گوشت، کالی شلوار، بو، بابو گوپی ناتھ، ہتک، کھول دو، ٹوبہ ٹیک سنگھ، نیا قانون اور دیگر دوسرے یقیناً یہ افسانے اپنی خاص اہمیت کے حامل ہیں۔ دوسرے منٹو کی شہرت کا سبب بھی بنے مگر اس کے علاوہ بھی منٹو کے بے شمار افسانے ہیں، جن کا تجزیہ ضروری ہے۔ ۳۰۰/ افسانوں سے

زائد منٹو کے افسانے ہیں، علاوہ ازیں منٹو نے ڈرامے، خاکے، فلمیں، خطوط اور ایک نامکمل ناول بھی لکھا ہے، جس سے ان کی زود نویسی کا پتا ملتا ہے۔ یقیناً منٹو خداداصلاحیت کے مالک تھے، نہایت اہم تخلیق کار اور دانش ور تھے۔ ایک ہی جست میں ریڈیو ڈرامے اور کئی افسانے لکھ ڈالتے تھے۔ شاید ہی کبھی کبھار نظر ثانی کی ضرورت ہوتی تھی۔ یقیناً بنیادی طور پر وہ ایک افسانہ نگار ہی تھے جیسا کہ ان کی تخلیقات کی بیش تر حصہ افسانوں پر مشتمل ہے۔

ڈاکٹر اجے مالویہ نے کتاب نما (مکتبہ جامعہ کی پیشکش جنوری ۲۰۱۳ء کے شمارہ) میں ان کے مضمون "سعادت حسین منٹو کی افسانوی معنویت" میں صفحہ ۷ پر لکھا ہے: "ترقی پسندی کے شور شرابے، نعرہ بازی، ہنگامے، پروپگنڈے اور فرسودہ عقائد و تصورات کا اثر منٹو کے ذہن پر نہیں پڑا۔ مارکیسٹ اُن کے دل و دماغ پر غالب نہ تھی۔ اگر منٹو کی پوری ادبی زندگی کا احاطہ کیا جائے تو یہ بات صاف طور پر نظر آتی ہے کہ منٹو کے خون میں گرمی تھی۔ ان کے جسم میں حرارت تھی، وہ انقلاب پرور تھے، وہ ایک باغی تھے، ادب و آرٹ کے باغی تھے۔ وہ Doxa یعنی روڑھی کے خلاف تھے۔ ان کا مقصد اشرافیہ کو ننگا کرنا تھا۔ ان کی بغاوت کی چنگاری پوری زندگی اڑتی رہی۔ انھوں نے اپنی ننگی آنکھوں سے زندگی کے تلخ، بے رحم سچائی اور حقیقت کو افسانے کا موضوع بنا کر ہمارے سامنے پیش کیا۔ ڈاکٹر اجے مالوی آگے لکھتے ہیں جو دراصل پروفیسر گوپی چند نارنگ کی تصنیف "جدیدیت کے بعد" میں سعادت حسن منٹو کے افسانوی ادب کے ضمن میں اپنے خیالات و تاثرات کا اظہار ہے۔ بقول گوپی چند نارنگ: منٹو Doxa کی نقاب اسی لیے نوچ پھینکتا ہے کہ وہ اشرافیہ کو ننگا کر سکے۔ منٹو کا فن عورت کی گھائل روح کی کراہ اور درد کی تھاہ پانے کا فن ہے۔ یہی وجہ ہے کہ اکثر و بیشتر منٹو کے کردار گوشت پوست کے عام انسانوں سے کہیں

زیادہ سچے، کہیں زیادہ درد انگیز بن جاتے ہیں۔

(منٹو کی نئی پڑھت: متن، ممتا، اور خالی سنسان ٹرین ""جدیدیت کے بعد"، ص ۳۲۳)

سعادت حسن منٹو کا پہلا افسانہ "تماشا" ہے، جو سب سے پہلے امر تسر کے ہفت روزہ "خلق" میں آدم کے فرضی نام سے شائع ہوا۔ فرضی نام سے شائع کرانا ظاہر ہے کسی تخلیق کار کی بڑی مجبوری ہوتی ہے، ورنہ یہ الگ موضوع بحث ہے کہ لوگ آج شہرت کے واسطے دوسروں کی تحریروں کو ہی پھیر بدل کر یا کبھی کبھی اپنے نام سے منسوب کر شائع کرانے میں کوئی کسر نہیں چھوڑتے۔ مگر منٹو کی بات الگ تھی وہ کبھی شہرت کے حامی نہیں رہے، یہ الگ بات ہے کہ افسانوی صنف ان کی تخلیقوں سے شہرت پا گئیں۔

منٹو کی بڑائی ہی کوئی میرا مقصد نہیں۔ سو منٹو کی اچھائی ہی نہیں، کہ منٹو بھی ایک انسان ہی تھا کوئی فرشتہ نہیں۔ لہٰذا میں نے منٹو کی Psychy کو بھی سمجھنے کی سعی کی ہے۔ Psychology کا ایک term (حصہ) ہے Narcissim۔ جب کوئی انسان میں انا یعنی (Ego) کا مادہ عروج پر پہنچ جاتا ہے تو وہ انانیت کا شکار ہو جاتا ہے۔ اور یہ آگے چل کر Narcissistic کی شکل لے لیتا ہے، جس کا شکار آدمی اپنی بات ہر جگہ منوانا چاہتا ہے۔ ہر کوئی اسے کمتر نظر آتا ہے، وہ کسی کی نہیں سنتا اور چیختا اور شور مچاتا ہے۔ کم و بیش منٹو میں بھی یہ خصلت پائی جاتی ہے۔ جس کی کئی مثالیں پیش کی جاسکتی ہیں۔ اور جس کا ہرجانہ خود منٹو نے اپنی زندگی میں خود بھرا، جیل جانا، آل انڈیا ریڈیو کی ملازمت چھوڑنا، فلمی دنیا کو خیر باد کہنا، اپنے افسانے کو اوپندر ناتھ اشکؔ (جو AIR دہلی میں رفیق کار تھے اور منٹو میرا دشمن کے خالق بھی ہیں) کے ذریعہ تنقید کا نشانہ بنانے پر، اشکؔ پر برہم ہو جانا اور دیگر کئی حادثات و نظریات اس ضمن کی مثالیں ہیں۔ اسی سلسلے کی کڑی

میں منٹو کا پاکستان جاکر بھی خوش نہ رہنا دراصل اس ضمن میں آتا ہے۔ واضح ہو کہ ہم صرف یہ مان کر اپنا پلّہ جھاڑ لیتے ہیں کہ گویا منٹو تنگی اور قرض سے دبے رہنے کے باعث زندگی کے برے دن بتائے مگر دوسرا پہلو یہ بھی ہے کہ کثرت شراب نوشی اور ان کی بدمزاجی، چڑچڑاپن کے باعث کوئی ان کو پوچھتا نہ تھا اور منٹو کو کوئی نہ گھاس ڈالے یہ منٹو کے لیے دوہرے صدمے کا باعث بنا اور وہ گھلتا گیا۔ چونکہ Narcissim کا شکار آدمی اپنی بے عزتی، بے ادبی، بے احترامی اور خاص کر بربادی نہیں دیکھ پاتا، مگر ساتھ ساتھ وہ اتنا مجبور ولاچار ہوتا ہے جو اس کا ازالہ بھی نہیں کر پاتا۔ ظاہر ہے ایسی شکل میں وہ اعصابی مرض کا شکار ہو کر وہ کسی صورت اپنی جان دے دیتا ہے۔ منٹو کے ساتھ بھی یہی ہوا وہ شرابی کی صورت میں اپنی جان گنوا بیٹھتا ہے۔ مگر سائیکلوجی کی ہی ایک شاخ ہمیں یہ بتاتی ہے کہ ایسے لوگ بہت Creative اور Aggresive بھی ہوتے ہیں۔ منٹو کے ساتھ بھی یہی معاملہ تھا۔ گو وہ زبردست تخلیق کردہ ادیب ثابت ہوئے کم زندگی پائی اور ادبی سفر بہت ہی مختصر رہا مگر کمال ہے کہ انھوں نے زبردست فن پارے تخلیق کیے اور اردو افسانے کو ایک نئی جہت عطا کی، گویا وہ بھرپور اور مکمل ادبی زندگی جی گئے۔

مگر وہیں منٹو ماہر نفسیات کی حیثیت سے بھی جانے جاتے ہیں۔ یہ الگ بات ہے کہ قارئین نے ان کی تحریروں میں حقیقت اور بے باکی کے عنصر کو عریانیت کا نام دے کر منٹو اور ان کی تخلیقات، دونوں کو متنازعہ بنادیا، جس کے نتیجے میں متعدد بار منٹو جیل بھی گئے۔ عدالتوں کے چکر لگائے مگر اس کے باوجود منٹو نے خوب کھل کر اور خوب جم کر لکھا۔ منٹو کو محض بگڑے ہوئے سانچوں اور بگاڑے ہوئے افسانوں کا عکاس مانا گیا۔ جو انھیں پہلے شہرت ملی، پھر اذیت ملی اور پھر لذت ملی، جو منٹو اسی کی نذر ہو کر رہ گیا۔ مگر شاید اردو والوں نے منٹو کے ساتھ امتیاز برتا جو منٹو کا نام آتے ہی ہمارے ذہن و دماغ میں

غلط فہمیاں اور غلط تصورات سے قائم ہو جاتے ہیں۔ حالانکہ حقیقت اس کے بالکل برعکس ہے۔ انھیں سیاہ قلم، بیہودہ، ننگ ادب کا معمار تک کہا گیا۔ حالانکہ منٹو اپنے دفاع میں صرف یہ کہتا ہے:

"زمانے کے جس دور سے ہم اس وقت گزر رہے ہیں، اگر آپ اس سے ناواقف ہیں، تو میرے افسانے پڑھیئے۔ اگر آپ ان افسانوں کو برداشت نہیں کر سکتے تو اس کا مطلب یہ ہے کہ یہ زمانہ ناقابلِ برداشت ہے۔ مجھ میں جو برائیاں ہیں، وہ اس عہد کی برائیاں ہیں، میری تحریر میں کوئی نقص نہیں، جس نقص کو میرے نام سے منسوب کیا جاتا ہے، دراصل موجودہ نظام کا نقص ہے۔"

(ادب جدید، دستاویز، صفحہ ۵۳)

منٹو کو اردو دنیا سے غیر جانبدارانہ طور پر غالباً پہلی بار ممتاز شیریں نے متعارف کرایا۔ ان کی مشہور کتاب "منٹو: نوری نہ ناری" ہے حقیقت یہ ہے منٹو کو سمجھنے کے لیے یہ پہلا اہم قدم ہے۔ منٹو کے انتقال کے بعد ایک انٹرویو میں ممتاز شیریں نے کہا تھا:

"عملی اور تخلیقی تنقید کے سب سے اچھے نمونے منٹو پر میرے متفرق مضامین ہیں۔ ان میں، میں نے اپنے مخصوص تاثراتی اندازِ نقد سے ہٹ کر نفسیاتی زاویہ نظر سے جائزے لیے ہیں۔"

ہمارا مقصد منٹو کی تعریفوں کے پل باندھنا ہر گز نہیں ہے۔ فروری ۲۰۱۳ء کے ایوانِ اردو، دہلی کے شمارے میں ڈاکٹر ابو بکر عباد کا مضمون "منٹو کی ایک اور قرأت" (صفحہ نمبر: ۳۷) پر نظر ڈالیں۔ وہ لکھتے ہیں:

"ایسا نہیں ہے کہ منٹو نے خراب افسانے نہیں لکھے۔ کئی ایک لکھے ہیں۔ بعض میں تو زبان کا نقص اور ایک آدھ میں تکنیک کی خامی بھی موجود ہے۔ مثلاً "ٹوبہ ٹیک سنگھ"

میں بشن سنگھ کا مسلسل پندرہ سال تک کھڑے رہنا وغیرہ۔ لیکن اس کے باوجود منٹو کے خراب افسانوں میں بھی قاری کو دو ایک فقرے، ایک آدھ جملے، کوئی کردار، سچویشن، خیال یا احساس ایسا ضرور مل جائے گا جو فکر کو روشن اور دل کو مسرور کر دیتا ہے۔ یوں مسرت کے خواہاں اور بصیرت کے متلاشیوں کے لیے منٹو کے بُرے افسانے پڑھنا بھی بوریت کا باعث یا گھاٹے کا سودا نہیں ہوتا۔"

اسی طرح ایوانِ اردو دسمبر ۲۰۱۳ء کے شمارے میں پروفیسر یوسف مسرت کا مضمون "کھول دو: منٹو کا ایک ناکام افسانہ" کے نام سے شائع ہوا ہے۔ جس کے ردِ عمل کے طور پر ڈاکٹر ندیم احمد نے فروری ۲۰۱۳ء کے شمارے میں ان کا مضمون "کھول دو: ایک مکمل افسانہ" شائع ہوا ہے، جس میں ڈاکٹر احمد نے مختصر مضمون کے ذریعے گویا اردو ادب کے خاص کر منٹو کے متلاشی اور دیگر قارئین کو حقیقت سے آگاہ کرایا ہے، جو ایک اچھی کوشش ہے، اس طرح منٹویات کے حصے میں ایک نئے باب کا اضافہ ہوگا اور یوں نئی نئی آراء اور نقطۂ نظر بھی سامنے آئیں گے جو منٹو کی دریافت میں بڑی اہمیت کا حامل ہوں گی۔

Saadat Hasan Manto - A Review. Essay: Jawed Akhtar

***

۱۰

ابن صفی ناولیں - فرید بک ڈپو اور کاپی رائٹ خلاف ورزی

تعمیر نیوز بیورو

عصری مواصلاتی تکنالوجی کے اس دور میں اگر کوئی طابع / ناشر یا ادیب / صحافی "اشاعتی حقوق [copyrights]" کی ضرورت و اہمیت سے لاعلمی یا ناواقفیت کا اظہار کرے تو یہ نہ صرف ناقابل یقین امر ہے بلکہ قابل مذمت و قابل گرفت عدالتی معاملہ بھی ہے۔

اگرچند ممالک کے درمیان دوطرفہ تجارت سے متعلق کاپی رائٹس کا کوئی معاہدہ یا ضابطہ نافذ نہ ہو تو یہ اس بات کی دلیل ہرگز نہیں ہے کہ اشخاص یا اشاعتی اداروں کو بلاروک ٹوک ایک دوسرے ملک کی تصانیف کو اپنی مرضی سے شائع کرنے کا اخلاقی و قانونی جواز حاصل ہو گیا ہے۔

ابن صفی کے جاسوسی ناولوں کے حقوق ان کے اہل خانہ کے پاس محفوظ ہیں۔ اس سلسلے میں براہ راست ابن صفی کے فرزند احمد صفی سے بآسانی رابطہ کیا جا سکتا ہے کیونکہ سوشل نیٹ ورکنگ پر یہ شخصیت کافی مشہور ہے۔

دہلی کا ایک معتبر اشاعتی ادارہ "فرید بک ڈپو" ایک طویل عرصہ سے ابن صفی ناولوں کی اشاعت میں مصروف ہے اور احمد صفی کے بقول اس ادارے نے ابن صفی کے اہل خانہ سے نہ تو کوئی اجازت حاصل کی ہے اور نہ باقاعدہ اشاعتی حقوق کا کوئی معاہدہ ہی عمل میں لایا ہے۔ لہذا جب ادارہ پر بجا اعتراض کیا گیا تو جواب میں ادارہ کے مینجنگ ڈائرکٹر جناب ناصر خان نے ایک طویل مراسلہ ایک رسالہ "جہاں کتب (شمارہ: اگست-۲۰۱۳)" میں شائع کروایا۔ یہ مراسلہ یہاں ملاحظہ فرمائیں اور پھر فیس بک پر اس کا جو جواب احمد صفی صاحب نے دیا تھا، وہ بھی ضرور پڑھئے گا۔

ابن صفی کے ناولوں کی معیاری اشاعت اردو کا اہم ادبی فریضہ

ہندوستان میں ابن صفی کے شاہکار ناولوں کی اشاعت و مقبولیت پر حرف گیری کرنے والوں کو الحاج ناصر خان (مینجنگ ڈائریکٹر "فرید بک ڈپو پرائیویٹ لمیٹڈ") کا حقیقت پسندانہ جواب

اپنے ۲۰۰ سے زائد جاسوسی ناولوں کے ذریعہ بیسویں صدی کے عظیم اردو ادیب ابن صفی مرحوم نے اردو فکشن کے میدان میں جو تاریخ ساز کارنامے انجام دئے ہیں ان سے پوری اردو دنیا واقف ہے۔ ایک وقت تھا جب اردو ادب کے ناقدین و مبصرین نے ابن صفی کی تخلیقات کو عامیانہ سمجھ کر نظر انداز کیا تھا لیکن ان کی عالمگیر شہرت اور غیر معمولی تخلیقی معنویت نے بالآخر کروڑوں ذہنوں کو مسخر کر لیا اور یہ حقیقت واشگاف ہو گئی کہ ابن صفی اس عہد کے سب سے بڑے فکشن نگار ہیں جنہوں نے جرم و سزا کی کہانیوں کو وسیلہ بنا کر نہ صرف صالح انسانی معاشرے کی تعمیر کی کوشش کی بلکہ اردو فکشن کو سطحیت، فحاشی اور سستے پن سے پاک کر کے ایک دلچسپ، آسان اور اثر انگیز اسلوب عطا کیا۔

اردو افسانہ نویسی اور ناول نگاری کی تاریخ میں ایسے عظیم قلمکاروں کی کمی نہیں جو دائمی شہرت و عظمت کے حامل ہیں لیکن یہ عہد حاضر کی سب سے بڑی ادبی صداقت ہے کہ اردو کے کروڑوں عوام و خواص کے ذہنوں پر ابن صفی کی طرح کسی اور قلمکار نے حکومت نہیں کی۔

ہندوستان کو بجا طور پر ناز ہے کہ اردو کا یہ لافانی ادیب اس سرزمین پر پیدا ہوا، انہوں نے اپنے وطن الہ آباد سے اپنی ادبی زندگی کا آغاز کیا مگر تقسیم وطن کے المیے نے لاکھوں انسانوں کی طرح ابن صفی کو بھی ترک وطن پر مجبور کیا لیکن بے وطن ہو کر بھی ان کی تخلیقی صلاحیتوں نے ایسی کرشمہ سازیاں دکھائیں کہ پورے برصغیر کے کروڑوں اردو پڑھنے والے ان کی تحریروں کے دیوانے ہو گئے۔ ملکی سرحدیں بے معنی ہو گئیں اور وہ پورے برصغیر کے سب سے محبوب اور مقبول ادیب بن گئے۔

پاکستان میں ابن صفی نے اپنے ناولوں کی اشاعت کے لیے اپنے اصل نام "اسرار احمد" کی نسبت سے ادارہ "اسرار پبلیکیشنز" قائم کیا تو ہندوستان میں ان کے عزیز ساتھی عباس حسینی نے "جاسوسی دنیا" نکال کر ان کے ناولوں کو ہندوستان کے گوشے گوشے میں پھیلا دیا۔

یہ اردو زبان کا سب سے بڑا المیہ ہے کہ تقسیمی سیاست نے اس کے ساتھ دشمنانہ سلوک کیا۔ اس ملک کی صدیوں پرانی مشترکہ ہندو مسلم تہذیب کی ترجمان "اردو زبان" کو بے رحم سیاست نے آزاد ہندوستان سے نیست و نابود کرنے کی سازش کی۔ نصف صدی کی ناپاک سیاسی حکمت عملی نے اردو پر اس طرح ضرب لگائی کہ بہت بڑا طبقہ اردو سے محروم ہو گیا۔ اگرچہ اردو مخالف ذہنیت ناکام اور شرمسار ہوئی۔ اردو لاکھ کوششوں کے باوجود مٹائی نہ جا سکی لیکن اردو دشمنوں کو یہ کامیابی ضرور حاصل ہوئی کہ نصف صدی کے

دوران اردو کی دو نسلیں اس سے دور ہو گئیں اور اردو پڑھنے لکھنے والوں کی تعداد دن بدن کم ہوتی چلی گئی، عوامی اخبارات و رسائل بند ہوتے گئے ، اردو زبان و ادب کا دائرہ دانشوروں، ادیبوں، شاعروں اور یونیورسٹیوں کے اسکالروں تک سمٹ گیا۔ رہی سہی کسر ٹیلی ویژن اور الکٹرانک میڈیا کے انقلاب نے پوری کر دی۔ تفریح کے لیے کتابیں پڑھنے کا رجحان کم ہوا تو ہندوستان میں خاص طور پر اردو رسالوں اور ناولوں کی اشاعت بھی کم ہوتی گئی۔ یہاں تک کہ گھر گھر پڑھے جانے والے ابن صفی کے ناول بھی غائب ہوتے چلے گئے۔

اگرچہ ابن صفی کی تحریریں لافانی حیثیت رکھتی ہیں اور لاکھوں ذہنوں میں بستی ہیں لیکن ان کے معدوم ہونے کی ایک تکنیکی وجہ بھی تھی کہ ہندوستان و پاکستان دونوں ملکوں میں یہ شاہکار ناول رسالے کے انداز میں معمولی کاغذ پر غیر مجلد چھاپے گئے جو معیاری ادبی کتابوں کی طرح محفوظ نہ رہ سکے۔ اس نقصان کو باشعور اور حساس علمی طبقے میں شدت سے محسوس کیا گیا اور اس عظیم ادیب کی تخلیقات کو از سر نو تزئین و تدوین کے ساتھ ادب عالیہ کی صورت میں اشاعت کی ضرورت پر زور دیا جانے لگا۔

ہندوستان میں اردو ادب و صحافت کی سرکردہ شخصیت جناب عارف اقبال (مدیر اعلیٰ اردو بک ریویو، نئی دہلی) نے اس کار عظیم کا بیڑا اٹھایا۔ انہوں نے ابن صفی کے ناولوں کو بڑی محنت سے اٹھا کر تلاش کر کے پوری صحت و ادبی ذمہ داری کے ساتھ مدون کیا اور انہیں جدید کمپیوٹر کمپوزنگ سے آراستہ کیا، ہر کتاب پر پر مغز تحقیقی و تعارفی پیش لفظ اور تبصرے تحریر کیے۔ طباعت و اشاعت کے لیے انہوں نے ہمارے ادارے "فرید بک ڈپو پرائیویٹ لمیٹڈ" سے تعاون کی خواہش ظاہر کی۔ ہمارے ادارے نے ابن صفی جیسے عہد ساز ادیب سے حد درجہ محبت اور ان کی تخلیقات کے تحفظ و ترویج کے مخلصانہ جذبے کی

قدر کرتے ہوئے ان شاہکار ناولوں کی اشاعت کو اپنے خاص مشن کا حصہ بنا لیا جس کے تحت ہم اردو ادب کی نایاب اور گراں قیمت پر بھی مشکل سے دستیاب ہونے والی کتابیں کم سے کم قیمت پر شائع کرتے ہیں۔ اس حقیقت سے ساری اردو دنیا واقف ہے کہ کتابوں کی کم قیمت کے معاملے میں ہندوپاک کا کوئی ادراہ "فرید بک ڈپو" کا مقابلہ نہیں کر سکتا۔

جناب عارف اقبال کی کاوش و جستجو اور ادارہ فرید بک ڈپو کی خصوصی دلچسپی سے اب تک ابنِ صفی کے ۵۷ شاہکار ناول پہلی بار مجلد اور خوبصورت جدید کتابت و طباعت کے ساتھ شائع ہو چکے ہیں۔ عہد حاضر کے اس عظیم ادیب کو یہ سب سے بڑا عملی خراجِ عقیدت ہے کہ اس طرح یہ تخلیقات اہلِ نظر تک پہنچ رہی ہیں جب نئے دور میں ابنِ صفی کی علمی، ادبی، لسانی اور تہذیبی اہمیت پر اعلیٰ سطحی تحقیق و تنقید کا سلسلہ ساری دنیا میں شروع ہو چکا ہے۔ اردو ادب کے اس اہم تاریخی موڑ پر اس خوبصورت اور معیاری انداز میں ابنِ صفی کے ناولوں کی اشاعت یقیناً ایک تاریخی کارنامہ ہے جس کا اعتراف اردو دنیا کے تمام ہی سرکردہ دانشوروں نے کیا ہے۔

برصغیر کی تقسیمی سیاست کا ایک المیہ یہ بھی ہے کہ ہندوستان اور پاکستان کے مابین کتابوں کے کاپی رائٹس اور مطبوعات کی دوطرفہ تجارت کے بارے میں کوئی معاہدہ یا ضابطہ نافذ نہیں ہے۔ دونوں ممالک میں ایک دوسرے ملک کے ادیبوں، شاعروں وغیرہ کی تخلیقات آسانی سے چھاپتے رہتے ہیں، شاید ہی کوئی ہندوستانی ادیب، دانشور، ناقد، شاعر ہوگا جس کی تخلیقات پاکستان میں بلا اجازت اور بلا معاوضہ شائع نہ کی جاتی ہوں۔ یہی صورت ہندوستان میں پاکستانی تخلیق کاروں کی مطبوعات کے لیے ہے، لیکن ہندوستان اور پاکستان میں واضح فرق یہ ہے کہ پاکستان میں اردو قارئین اور شائقین کی تعداد زیادہ ہے اس لیے وہاں کے ناشرین کو ہندوستانی کتابوں سے بہت فائدہ پہنچتا ہے جبکہ ہندوستان کی

صورتِحال یہ ہے کہ یہاں خریدار برائے نام باقی رہ گئے ہیں، کتابیں محض کچھ حساس، باشعور اور شوقین طبقوں تک ہی محدود ہوگئی ہیں۔ اب یہ بات اظہر من الشمس ہوچکی ہے کہ اردو کی معیاری کتابوں کی اشاعت و تجارت ہر لحاظ سے خسارے کا باعث بن چکی ہے لیکن اس کے باوجود اگر یہ عمل جاری ہے تو اس کے پیچھے اردو سے فطری محبت کا جذبہ اور اپنے تمدنی وجود کا مجنونانہ اظہار ہی ہے۔ فی الوقت صورتِ حال یہ ہے کہ سوشل میڈیا پر کچھ کوتاہ بیں عناصر ہندوستان میں ابنِ صفی کے شہ پاروں کی شاندار اشاعت پر طرح طرح کی حرف گیریاں کر رہے ہیں، ابھی حال میں ایسی ہی ایک معترضانہ تحریر نظر سے گزری ہے جس میں ایک صاحب نے یہ اعتراض اٹھایا ہے کہ جیسے نعوذ باللہ ہم یہ کام مالی منفعت کے لیے کر رہے ہیں حالانکہ معترض اس حقیقت سے واقف ہے کہ یہ کام ہندوستان میں کس قدر دشوار ہے، پھر بھی انھوں نے اپنے اعتراض کے جواز میں اخلاقی قدروں کا واسطہ بھی دیا ہے۔ ہم ان کے خیالات کی قدر کرتے ہوئے واضح کرنا چاہتے ہیں کہ ایک عظیم مصنف کی تخلیقات کو از سر نو پوری آب و تاب کے ساتھ شائع کرنے اور انھیں ضائع ہوجانے سے بچا کر ہمیشہ کے لیے محفوظ کرنے کی کوشش کے پس پشت کسی طرح کا تاجرانہ مفاد پیش نظر نہیں بلکہ ہندوستان میں اردو شعر و ادب کی مطبوعات کی صورتِحال (جس کا ذکر پہلے کر چکا ہوں) اس میں ابنِ صفی سے حد درجہ محبت اور عقیدت ہی کارفرما ہے۔ ہمیں خوشی ہے کہ ابن صفی مرحوم کے لائق فرزند جناب احمد صفی نے ہندوستان میں عارف اقبال صاحب کی ان کوششوں کو اپنے عظیم والد کی سچی خدمت قرار دیا ہے۔ دراصل سوشل میڈیا پر خواہ مخواہ دخل اندازی کرنے والے (خواہ وہ ہندوستانی ہوں یا پاکستانی) اس عظیم مصنف کے لیے ہندوستان میں کی جارہی ان کوششوں کو شاید پسند نہیں کر رہے ہیں۔ اس میں ان کے کونسے مقاصد کارفرما ہیں یہ وہی جانیں لیکن ہم

بڑی صاف گوئی کے ساتھ یہ گوش گزار کر دینا چاہتے ہیں کہ اگر وہ جائز استحقاق اور اخلاقی و قانونی جواز کے ساتھ ہمارے شامنے آئیں تو ادارہ فرید بک ڈپو بخوشی اردو ادب کی اس اہم خدمت سے دست کش ہونے کو تیار ہے جو اس نے ابنِ صفی کی ادبی عظمت اور اردو زبان و ادب کے خلوص خادم جناب عارف اقبال کے جذبے کے احترام میں انجام دے رہا ہے۔

Rejoinder

Al Hajj Muhammad Nasir Khan saheb of Farid Book Depot has given an explanation for their illegal publications of Ibne Safi Novels (With Arif Iqbal Saheb) in an open letter to monthly Jahn-e Kutub Delhi, in India... The letter is linked at Arif iqbal saheb's associated site.

On behalf of Ibne Safi family (The copyright holders) Ahmad Safi has posted his reply which was forwarded to Al Hajj Nasir Khan saheb through Arif Iqbal Saheb and none has replied back. Arif saheb is not responding to phone calls as of yet...

Piracy is a crime and it cannot be justified.

یکم اگست ۲۰۱۳

لاہور، پاکستان

بنام الحاج محمد ناصر خان،

مینیجنگ ڈائریکٹر، فرید بک ڈپو (پرائیویٹ) لمیٹڈ

محترمی جناب الحاج محمد ناصر خان صاحب، سلام مسنون

آج مجھے برادرم راشد اشرف نے ای میل کے ذریعے آپ کا مراسلہ جو ماہنامہ جہانِ کتب (دہلی) کے اگست ۲۰۱۳ کے شمارے میں شائع ہوا ہے، ارسال کیا۔

آپ نے بہت متاثر کن الفاظ میں ہندوستان میں اردو کی زبوں حالی کی تصویر کشی کی ہے۔ البتہ اس میں شامل بہت سی باتیں حقیقت پر مبنی نہیں ہیں۔ آپ کے آخری پیراگراف سے ابتداء کر رہا ہوں۔ آپ نے میرے (احمد صفی) کے حوالے سے تحریر کیا کہ میں نے ہندوستان میں عارف اقبال صاحب کی کوششوں کو اپنے عظیم والد کی سچی خدمت قرار دیا۔ میں نے ایسی کوئی بات نہ کہیں تحریر کی ہے اور نہ کسی تقریر میں ایسا کہا ہے۔ کاش آپ کوئی حوالہ دے سکتے۔ اردو دنیا کی یہی بات تکلیف دہ ہوتی جارہی ہے کہ بیانات بغیر حوالے کے داغ دیے جاتے ہیں اور صاحبِ معاملہ سوچتا ہی رہ جاتا ہے کہ میں نے کب ایسا کہا۔ اس کے بعد یہی بیانات مقالوں اور تحقیقی کاموں میں حوالے کے طور پر آنا شروع ہو جاتے ہیں اور مستند قرار پا جاتے ہیں۔ بھائی، عارف اقبال صاحب کی اردو کے لیے خدمتوں سے کون انکار کر سکتا ہے اور میں کیا سب ہی ان کے معترف ہیں۔ جو بات غلط ہے وہ میں آپ تک پہنچاتا ہوں کیونکہ اس سے قبل عارف صاحب کے ذریعے ہی آپ سے رابطہ کرنے کی کوشش کی تھی لیکن آپ کے مراسلے سے یہ ظاہر ہوتا ہے کہ آپ کو کسی بات کا علم ہی نہیں ہے۔

ابن صفی کا ادبی مشن یہ تھا کہ لوگ قانون کا احترام کریں اور کسی بھی صورت میں قانون شکنی نہ ہونے دیں۔ جب میں اپریل سن ۲۰۱۱ میں دہلی میں عارف اقبال صاحب سے ملا تو میں نے یہی بات کی تھی۔ انڈیا سنٹر میں اس ملاقات میں معروف صحافی اے یو آصف صاحب بھی ان کے ہمراہ تھے۔ میرا صرف ایک سوال تھا اور وہ یہ کہ ابن صفی کی ناولوں کی غیر قانونی اشاعت کیوں ہو رہی ہے۔ اس وقت برصغیر اور دنیا کے دوسرے حصوں میں صرف اسرار پبلیکیشنز اور ابن صفی کے اہل خانہ ان کتابوں کی اشاعت کے حقوق رکھتے ہیں۔ اگر ہندوستان اور پاکستان کے درمیان کوئی معاہدہ نہیں بھی ہے تب

بھی اخلاقی طور پر انہیں رابطہ کر کے اجازت کی بات کرنی چاہیئے تھی۔ یہ بات شائد میں کتاب والا اور کتاب نما ٹائپ کے چھاپنے والوں سے نہ کر سکتا کیونکہ وہ کتب قزاقی کے زمرے میں آتے ہیں اور یقیناً ان کو اس سلسلے سے مالی منفعت بھی ہو رہی ہو گی ورنہ وہ کاہے کو چھاپتے۔ مگر جو ابن صفی کے مشن کو جانتے ہوں، اس کا پرچار کرتے ہوں وہی قانون کی خلاف ورزی میں ملوّث ہوں تو ان سے شکایت نہ کی جائے تو کیا کیا جائے۔ عارف صاحب کا مؤقف یہ تھا کہ ان کے پاس ہم سے رابطے کا کوئی ذریعہ نہ تھا (انٹرنیٹ اور مواصلاتی ترقی کے اس دور میں یہ بات قابل فہم نہیں!)

اسی ملک ہندوستان سے جب ادارہ بلافٹ پبلیکیشنز نے جاسوسی دنیا کے تراجم کا فیصلہ کیا تو انہوں نے بڑی آسانی سے انٹرنیٹ پر موجود ابن صفی ویب سائیٹ کے منتظم جناب محمد حنیف صاحب کے ذریعے سے ہمارا پتہ ڈھونڈ نکالا اور باقاعدہ گفتگو کے بعد ایک معاہدے کے تحت ان کتب کو شائع کیا۔ رینڈم ہاؤز انڈیا نے عمران سیریز کے تراجم کے سلسلے میں یہی راہ اختیار کی اور ہم سے رابطے اور باقاعدہ معاہدے کے تحت یہ کام شروع کیا۔ اسی طرح جاسوسی دنیا اور عمران سیریز کے ہندی ایڈیشنز کے لیے ہارپر کالنز انڈیا نے بھی براہ راست رابطہ کر کے معاہدے کے تحت ہندی میں ان کتابوں کے تراجم کو شائع کیا۔ ان سب اداروں میں سے کسی نے ابن صفی کی یا ادب کی خدمت کے بلند بانگ دعوے نہیں کیے مگر تمام قانونی تقاضے پورے کر کے اس کام کو سرانجام دیا۔

راقم نے دہلی میں ہونے والی ملاقات ہی میں اس پر عارف اقبال صاحب سے تبادلہء خیال کر لیا تھا۔ ان کے پاس رابطہ نہ کر پانے کا کوئی جواز موجود نہ تھا۔ اس کی گواہی اے یو آصف صاحب بھی دے سکتے ہیں۔ عارف صاحب نے فرید بک ڈپو اور آپ کا حوالہ دے کر کہا تھا کہ وہ اس سلسلے کو قانونی بنانے کے لیے آپ سے درخواست کریں گے۔ لیکن اس

کے بعد سے ہم کسی پیش رفت کے منتظر ہی ہیں۔ اسی لیے اب تک عارف اقبال صاحب کی کسی بھی سرگرمی بشمول ان کی حالیہ کتاب "ابن صفی۔ مشن اور ادبی کارنامہ" کی کوئی حمایت بھی اسی لیے نہیں کر سکے کہ ہمارا ایک اصولی مؤقف ہے جس کا جواب ہی نہیں دیا جارہا۔ ابن صفی کی غیر قانونی اشاعت کرنے والے کس طرح ان کے مشن کی بات کر سکتے ہیں؟ مذکورہ کتاب میں میری تصاویر ملاقات میں ہونے والی گفتگو کے پس منظر سے الگ کر کے شائع کی گئی ہیں۔ کیا ہی اچھا ہوتا کہ عارف صاحب اس ملاقات کا احوال بھی درج کرتے اور پوری گفتگو رقم کرتے۔

عارف صاحب نے راقم کے نام اپنے دو خطوط میں آپ سے اس سلسلے میں کی جانے والی درخواستوں کا ذکر بھی کیا ہے اور یہ بھی تحریر کیا ہے کہ انہوں نے آپ تک میرا پیغام بھی پہنچا دیا تھا اور میری ای میل کا پتہ اور فون کا نمبر بھی دے دیا تھا۔ اب اس بات کی صحت کا اُن کے اور آپ کے علاوہ کسی اور کو کیا علم۔ اس بات سے قطع نظر کہ قانونی حقوق رکھنے والے عارف صاحب کے توسط سے آپ سے رابطے کی کوشش کر رہے ہیں، آپ کے مراسلے تو یہ صاف ظاہر ہو گیا کہ چونکہ ہندوستان میں اور پاکستان میں (آپ کے مطابق) لوگ مالِ مفت دلِ بے رحم کے تحت کتابیں چھاپ رہے ہیں لہٰذا آپ کو بھی اس بات کا حق ہے کہ قانون کی خلاف ورزی کرتے ہوئے اس کام کو جاری رکھیں، گناہ و ثواب اللہ جانے۔

اس موقع پر میں ایک بار پھر واضح کر دینا چاہتا ہوں کہ ابن صفی کے ناولوں کی اشاعت کو قانونی معاہدے کے تحت لانے میں جملہ حقوق رکھنے والوں کی حیثیت سے ہمارا منشاء فروخت اور رائیلٹی کے معاملات سے زیادہ صحت متن اور جعلی ناولوں کے اصل کے ساتھ شامل ہو جانے سے روکنا ہے۔ ابن صفی کے تمام اہل خانہ اپنی اپنی جگہ خوش و خرم

ہیں اور ان کی تحریروں کی رائلٹی پر انحصار نہیں کرتے۔ مسئلہ صرف یہ ہے کہ ہندوستان سے شائع ہونے والی جاسوسی دنیا اور عمران سیریز کے ناولوں میں جو نکہت پبلیکیشنز کے ختم ہونے کے بعد غیر قانونی طور پر شائع کی گئیں، کتابت و ادارت کی بے شمار اغلاط ہیں۔ پورے پورے پیراگراف ان قزاقانہ اشاعتوں میں حذف کر دیے گئے ہیں۔ جتنے بھی معاہدے پاکستان سے ہم نے اپنے والد مرحوم کی کتابوں کی اشاعت کے کیے ان میں صحت متن کی ضمانت کے لیے خصوصی شقیں دلوائیں تاکہ اشاعت سے پہلے متن پر نظر ثانی کی جاسکے۔ اس کے علاوہ چند جعلی ناول جو ابن صفی کے نام سے ہندوستان میں رائج ہو گئے ہیں ان کی نشاندہی کر کے ان کو بھی اصل فہرست میں شامل ہونے سے روکا جاسکے۔ سر دست تو ہم یہ بھی نہیں جانتے کہ فرید بک ڈپو کی شائع شدہ کتابیں کس معیار کی ہیں؟ کیا ان میں غلطیاں تو نہیں راہ پا چکیں؟ ابن صفی سے اتنی محبت رکھنے کے باوجود اور ان کی کتابوں کی باقاعدہ ایکسپورٹ کے ہوتے ہوئے، فرید بک ڈپو نے کبھی اس بات کا اہتمام نہ کیا کہ ابن صفی کے اہل خانہ کو بھی ان کتابوں کے دیدار کرا دیتے۔ عارف اقبال صاحب سے اس سلسلے میں بھی گذارش کی گئی تھی لیکن دیگر تمام گذارشات کی طرح یہ گذارش بھی قابل اعتناء نہ سمجھی گئی۔

میں یہ خط آپ تک پہنچانے کی کوشش کرتا ہوں اور کوئی نہ کوئی راہ نکل ہی آئے گی۔ اس کے ساتھ ہی اپنا مؤقف مجھے ماہنامہ جہانِ کتب کو بھی ارسال کرنا پڑے گا کیونکہ فرید بک ڈپو کی اشاعت پر اعتراض کنندگان کو آپ نے کوتاہ بین قرار دے کر سب کو ایک ہی لاٹھی سے ہانک دیا ہے۔ کوئی نہیں چاہتا کہ آپ اردو کی خدمت سے دست کش ہو جائیں لیکن جو طریقہ جائز ہے اس پر عمل بھی تو کریں۔ دوسرے جو کچھ بھی کرتے رہیں آپ کی پکڑ تو آپ ہی کے اعمال پر ہو گی!

خیر اندیش

احمد صفی

لاہور، پاکستان

Farid Book Depot - Copyright Violations of Ibne Safi's Work

***

۱۱

لسانی ہجرت اور بااختیاری کا عمل

ڈاکٹر قیصر شمیم

۱۹۷۰ کے دہے کا ابتدائی زمانہ تھا جب اودھیشور ارون، مظفرّ پور سے، وجّیکا بھاشا کا ایک اخبار، ناگری رسمِ خط میں نکالتے تھے۔ وجّیکا، گنڈک، کوسی اور گنگا ندی کے درمیان بولی جانے والی بھاشا ہے، جسے قدیم جمہوریہ "وجّی" کے نام پر وجّیکا کہا جاتا ہے۔۔۔ دعویٰ تو اس سے کہیں بڑا ہے۔ بھوجپوری، میتھلی، انگیکا اور وجّیکا کے لوگ اکثر مخلوط علاقے کو اپنی جھولی میں ڈال لیا کرتے ہیں۔ پھر بھی اس حقیقت سے انکار نہیں کیا جاسکتا ہے کہ ویشالی، سمستی پور، مظفرّ پور، سیتا مڑھی اور شیوہر کی غالب اکثریت کی بولی یہی ہے۔ یہ بھاشا تو اس علاقہ میں صدیوں سے بولی جاتی ہے مگر اسے یہ نام راہل سانکر تیائن نے دیا تھا۔ راہل جی بھوجپوری، میتھلی، اودھی، برج اور شمالی ہند کی دیگر بولیوں کے آزانہ وجود کے قائل تھے۔ وہ ان بھاشاؤں کو ہندی کی بولی نہیں مانتے تھے۔ یوں بھی لسانی اعتبار سے زبان اور بولی میں کوئی فرق نہیں ہوتا اور ان کو ہندی کی بولی گردانا، جن میں سے بعض کا ادبی ورثہ ہندی سے بھی قدیم ہے، کوئی علمی بنیاد نہیں رکھتا۔ یہ بالکل ایسا ہی ہے جیسے، انیسویں صدی کے آخر تک، بڑے بڑے ماہر لسانیات اُڑیہ زبان کو بنگلہ کی بولی قرار دیتے تھے۔ ایسا کہنے والوں میں راجندر لال مترا جیسی شخصیتیں بھی تھیں، جن کو

سیّد حسین بلگرامی نے بجاطور پر فاضلِ اجل اور ماہر علم لسان کہا ہے۔

میں اُن دنوں، اپنے دو دوستوں کے ساتھ مل کر، "سیکولر ہندوستان" نکالتا تھا۔ ارون جی سے لنگٹ سنگھ کالج میں آتے جاتے اکثر ملاقات ہوتی تو وہ اس اخبار کی ایک کاپی عنایت فرماتے، اس زبان کی تحریک کے اتار چڑھاو سے باخبر کرتے اور مدعی ہوتے کہ میں سیکولر ہندوستان میں اس کے بارے میں لکھوں۔ اس تحریک کے بارے میں میری ابتدائی معلومات کا ذریعہ ارون جی ہی تھے۔۔ میرے دونوں ساتھی ایک ایک کر کے ساتھ چھوڑ گئے۔ ۱۹۷۳ میں، میں بھی دہلی آگیا، پھر بھی دہلی میں رہ کر مظفّر پور سے اسے نکلوانے کی کوشش کرتا رہا۔ مظفّر پور میں میرے چھوٹے بھائی محمّد عرفان الحق اس کام کو دیکھتے اور پٹنہ میں عظیم آباد ٹائمز والے نعمانی صاحب طباعت میں مدد کر دیتے۔ ۱۹۷۴ کے اُس شمارے کے ساتھ یہ سلسلہ بھی بند ہوگیا جس میں بہار یونیورسیٹی کا اشتہار چھپا تھا۔ پھر نہ تو مظفّر پور سے وہ رشتہ قائم رہ سکا اور نہ ارون جی جیسے دوستوں سے رابطہ رہا، جو وجّیکا کی تحریک کے بارے میں میری معلومات کا ذریعہ تھے۔ غمِ دَوراں نے ایسا دبوچا کہ اُن کا نام اور اخبار کا صحیح نام بھی ذہن سے اُتر گیا؛ صرف اتنا یاد رہا کہ اخبار کا نام وجّیکا کے نام پر تھا۔

بولیوں پر کام کرتے ہوئے کبھی کبھی اُس اخبار کا نام ذہن میں ابھرتا ڈوبتا رہتا۔ کچھ دن پہلے کئی دوستوں کو فون کر کے پتہ لگانے کی کوشش کی۔ بالآخر ایک پرانے ساتھی ڈاکٹر صبغت اللہ حمیدی کی مدد سے ارون جی سے رابطہ ہوا تو ان کی فراہم کردہ اطلاعات نے، وجّیکا کی موجودہ صورت حال کے بارے میں، میری حاصل کردہ معلومات کے کئی خلاء کو پُر کر دیا۔

جب ارون جی "وجّیکا سَمئے" نکالتے تھے اس سے پہلے، منیشور رائے مُنیش، وجّیکا

لوک گیت کے مجموعے 'جھانجھ کی جھنک' (۱۹۵۸)، وجّیکا کی پہیلیوں کے مجوعے 'بوجھو تو کیا' (۱۹۵۸)، مضامین کے مجموعے، 'بجّی سنگھ اور بجّی لوک ساہتیہ' (۱۹۶۸) اور وجّیکا کی لغت (۱۹۷۱) کے ذریعہ نہ صرف داد تحسین وصول کر چکے تھے بلکہ اُس بھاشا کی جڑوں کو بھی مستحکم بنا چکے تھے۔ بعد میں ان کی کم و بیش ۱۴ کتابیں منظرِ عام پر آئیں۔ خود اودھیسشور ارون جی نے، رامائن کو وجّیکا میں منتقل کر کے اس بھاشا کے دامن کو مالامال کیا ہے۔

گزشتہ پانچ دہائی میں وجّیکا کے بولنے والوں نے جو زبردست مہم چلائی ہے اس کے نتیجہ میں، آج وجّیکا میں لکھنے والوں کی تعداد، سو سے زیادہ ہے۔ ایک درجن سے زائد پبلیشر، وجّیکا میں طباعت و اشاعت کا کام کر رہے ہیں۔ اس بھاشا کا 'اپنا سماچار' نامی چینل کام کر رہا ہے جسے صرف عورتیں چلاتی ہیں۔ 'ہمار ٹی وی' اور آکاش وانی سے بھی اس بھاشا میں نشریات کا سلسلہ جاری ہے۔ 'لکشمی ایلتھن ہمار انگنا' اور 'ساجن ایہاڈولی لیئکے' جیسی فیچر فلموں کے بنانے کی تیاری ہے۔ سنجیدہ تحقیقی کام بھی ہو رہا ہے۔ ابھیشیش کمار کشیپ کے تحقیقی مقالہ The pragmatic princples of Bajjika اور ایسے دیگر مقالہ جات کو acadmia.edu کی ویب سائٹ پر پڑھا جاسکتا ہے۔ (انہوں نے کچھ ایسا نظم کیا ہے کہ اسے نہ تو ڈاؤن لوڈ کیا جاسکتا ہے اور نہ چھاپا جاسکتا ہے)۔ اس ترقّی کے باوجود کیا یہ کہا جاسکتا ہے کہ وجّیکا اس دباؤ سے آزاد ہے جس کا شکار اُس علاقے کی دیگر بولیاں ہیں؟ اور کیا اس بھاشا کے سمٹنے سکڑنے کا عمل بند ہو گیا ہے؟۔۔۔ سچ تو یہ ہے کہ ہندی سمیت تمام بولیاں

اور زبانیں اُس عمل کا شکار ہیں جسے لسانی ہجرت (language shift) کہا جاتا ہے اور جس عمل میں لوگ اپنی زبان سے صرفِ نظر کر کے کسی زیادہ بااختیار زبان کا رخ

کرتے ہیں؛ یعنی پہلے لوگ ان بولیوں سے ہندی کی طرف ہجرت کرتے ہیں اور پھر انگریزی کو اپناتے ہیں۔ یہی وجہ ہے کہ ۱۹۶۰ اور ۷۰ کی دہائی میں ہندی کے جو جیالے اس کی ترقی کے لیے اس حد تک پُرجوش تھے کہ اتّرپردیش اور مدھیہ پردیش میں انگریزی کے سائن بورڈ پر سیاہی پوت دیتے تھے، ان کی تیسری نسل اب ہندی پڑھنے سے کترا رہی ہے کیونکہ انگریزی ان کو معاشی اور سیاسی طور پر زیادہ با اختیار بنا سکتی ہے۔ اسی لیے اب جن سنگھ کی جانشین بھارتیہ جنتا پارٹی اور سوشلسٹوں کے ایجنڈے میں ہندی کوئی خاص اہمیت نہیں رکھتی ہے۔ اپنی زبان کو اونچے درجہ پر فائز کر کے دیگر زبانوں کو اپنی بولی قرار دینے کی وجہ سے ہندی، اِن بھاشاؤں کے ساتھ برابری کا جمہوری رشتہ بنانے میں ناکام رہی ہے۔ نتیجتاً لسانی ہجرت کے اس عمل میں ہندی اکیلی اور بے بس نظر آرہی ہے۔ اس کے بعض بڑے اُدَباء ہنگلش (ہندی اور انگریز ی کے مخلوط استعمال والی زبان) کے جواز میں دلائل پیش کر رہے ہیں اور اِسے لسانی ارتقاء کا نام دے رہے ہیں۔ کسی بھی زبان کے لیے یہ ایک خطرناک مرحلہ ہے۔

یہ صرف ہندوستان میں نہیں ہو رہا ہے بلکہ دنیا کی تمام زبانیں اور بولیاں اس کی زد میں ہیں۔ اسی لیے یہ اندیشہ ظاہر کیا جا رہا ہے کہ اس صدی کے اواخر تک، موجودہ پانچ ہزار زبانوں میں سے نصف زبانیں معدوم ہو جائیں گی اور صرف وہی زبانیں بچیں گی جو نسبتاً زیادہ با اختیار ہیں؛ اس طرح ان زبانوں میں محفوظ انسانی تجربات کا خزانہ ہمیشہ کے لیے کھو جائے گا۔

حیاتیاتی بو قلمونی کو لاحق خطرات پر سائنسی برادری میں ہلچل ہے، دنیا بھر کی حکومتیں اس طرف متوجّہ ہو رہی ہیں، مگر زبان اور ثقافت کے ساتھ جو ہو رہا ہے وہ اجتماعی بے توجّہی کا شکار ہے گویا کچھ ہوا ہی نہیں۔ ایک سال قبل، یعنی ۸ اکتوبر سے ۱۹ اکتوبر

۲۰۱۲ کے درمیان، حیدرآباد میں منعقد ہونے والا، ۱۹۲ ممالک کا حیاتیاتی بوقلمونی کنونشن اس اجتماعی تشویش کا مظہر ہے جو حیاتیاتی بوقلمونی کو لاحق خطرات کے بارے میں ساری دنیا میں پائی جاتی ہے۔ غیر ترقّی یافتہ ممالک کو قدرت نے جو حیاتیاتی دولت عطا کی ہے اس کی لوٹ، کثیر ملکی کمپنیوں کے ذریعہ اس کا تجارتی استعمال اور اس سے حاصل ہونے والے منافع سے ان ممالک کے باشندوں کو محروم رکھنا، یہ سب گزشتہ دو دہائی سے بحث کا موضوع رہا ہے۔

۲۹ اکتوبر ۲۰۱۰ کو نگویا (جاپان) میں ہونے والے حیاتیاتی کنونشن میں، حیاتیاتی لوٹ کو روکنے اور کسی بھی خطّے کے حیاتیاتی ذخیرے سے پیدا ہونے والی آمدنی میں مقامی لوگوں کو حصّہ دینے کا التزام کیا گیا تھا؛ حالانکہ اس میں یہ وضاحت نہیں کی گئی تھی کہ یہ حصّہ کس طرح ادا کیا جائے گا۔ آیا اُن کو یکمشت ادائیگی کر کے تجارتی کمپنیاں عرصہء دراز تک منافع کمانے کے لیے آزاد ہوں گی یا رائلٹی کی شکل میں مقامی لوگوں لگاتار اپنا حصّہ ملتا رہے گا۔ یہ آدھا ادھورا التزام بھی جو نگویا پروٹوکول کے نام سے جانا جاتا ہے تب ہی روبہ عمل آسکتا ہے جب دنیا کے کم از کم پچاس ممالک اس کی توثیق کریں۔

حیدرآباد میں ہونے والے کنونشن تک، یعنی دو سال میں، محض چھ ممالک نے اس کی توثیق کی تھی۔ میزبان ہندوستان نے حیدرآباد کنونشن کے موقع پر اس کی توثیق کا فیصلہ کیا اور اس طرح وہ توثیق کرنے والا ساتواں ملک بن گیا۔ کنونشن کے مقاصد کے حصول کے لیے ہندوستان نے پچاس ملین ڈالر مختص کرنے کا بھی فیصلہ کیا تھا جس کی عملی شکل ایک سال گذر جانے کے بعد اب تک ظاہر نہیں ہوئی ہے۔۔ لیکن اس سلسلے میں ترقّی یافتہ ممالک کا رویّہ تو نہایت غیر ذمہ دارانہ رہا جن کی تجارتی کمپنیاں حیاتیاتی لوٹ میں سب سے زیادہ سرگرم ہیں۔ اس میں امریکہ نے شرکت نہیں کی جس کی تجارتی کمپنیاں حیاتیاتی

ذخیرہ کے استعمال سے سب سے زیادہ نفع کما رہی ہیں لیکن وہ کنونشن کی کارروائی کی باہر سے نگرانی کرتی رہیں۔

بقیہ ترقّی یافتہ ممالک کے نمائندوں نے کچھ ایسا کردار ادا کیا کہ حیاتیاتی ذخیرے کی لوٹ کو روکنے کے بارے میں کوئی اتّفاق رائے نہیں ہو سکی۔ بعض ترقّی یافتہ ممالک کے مندوبین تو اس بات کے کوشاں رہے کہ پروٹوکول کے اس دفعہ کو ہی باقی نہ رہنے دیا جائے جس میں مقامی لوگوں کو منافع میں شریک کرنے کی بات کہی گئی ہے۔ اپنی تمام کمیوں اور خرابیوں کے باوجود، نگویا اور حیدرآباد کے کنونشن کی یہ اہمیت تو ہے ہی کہ حیاتیاتی بو قلمونی کو لاحق خطرہ، عالمی توجہ کا مرکز بنا ہوا ہے؛ زبان و ثقافت کے معاملہ میں اتنا بھی نہیں ہو رہا ہے۔

جن عوامل کی وجہ سے حیاتیاتی بو قلمونی کو نقصان پہنچ رہا ہے وہ زبان و ثقافت کی تباہی کے لیے بھی ذمہ دار ہیں۔ ان کی بقا بھی ایک دوسرے سے وابستہ ہے۔ پھر بھی، حیاتیاتی کنونشن میں ہونے والی بحث میں لسانی بو قلمونی کو درپیش خطرات کا کوئی ذکر نہیں تھا۔ ثقافت کا ذکر جس انداز میں کیا گیا اس نے اس اصطلاح کا مفہوم ہی بدل دیا۔ اس کا زبانوں کے معدوم ہونے سے کوئی تعلق نہیں تھا۔

یہ محض اتّفاق نہیں ہے کہ دنیا کے بارہ میگا حیاتیاتی بو قلمون خطّوں میں سے دس خطّے، لسانی اعتبار سے بھی، میگا بو قلمون خطّے ہیں۔ جنوبی ایشیا بھی ان میں سے ایک ہے جہاں زبانیں تیزی سے معدوم ہو رہی ہیں۔ انڈومان نکوبار جزائر جہاں تین درجن سے زائد زبانیں پہلے ہی معدوم ہو چکی ہیں وہاں سے گذشتہ سال خبر آئی کہ 'بو' زبان بولنے والی آخری عورت بھی چل بسی۔ ۲۰۰۸ میں خبر آئی کہ نیپال میں 'ڈورا' زبان کی بولنے والی آخری عورت ۸۲ سالہ سوما دیوی بچی ہے۔ اس کی موت کے بعد اس زبان کا جاننے

والا کوئی نہیں ہو گا۔ اسی سال خبر آئی کہ 'گسنڈا' جسے گم شدہ زبان سمجھ لیا گیا تھا اس کے بولنے والے تین لوگ نیپال میں زندہ ہیں۔

ماہرین لسانیات گسنڈا کو کسی بھی لسانی خاندان یا گروہ میں نہیں رکھ پائے ہیں؛ ایسی زبان کو language isolate کہا جاتا ہے۔۔ جانوروں میں بھی ایسی اقسام پائی جاتی ہیں، سائنسداں جن کی درجہ بندی نہیں کر پاتے ہیں۔ ان کو connecting link یا missing link کہا جاتا ہے۔ یہ ارتقاء کی کھوئی کڑیوں کا پتہ دیتے ہیں۔ اگر یہ کھو جائیں تو حیاتیاتی ارتقاء کی کڑیاں غائب ہو جائیں گی۔

یہی حال language isoletes کا ہے۔ ایسی کسی ایک زبان کا کھو جانا لسانی ارتقاء کی تاریخ کے مطالعہ کو نامکمل بنا دے گا۔ پھر بھی ایسی زبانیں ناپید ہو رہی ہیں۔ مثلاً ایسی ہی ایک زبان 'نہالی' ہے جس کے بولنے والے مدھیہ پردیس میں، تاپتی ندی کے جنوب میں، گوالی گڑھ کی پہاڑیوں کے گرد آباد ہیں۔ اب ان کے بولنے والوں کی تعداد محض دو ہزار رہ گئی ہے۔ اسی قسم کی ایک اور زبان بورشکی ہے، جس کے بولنے والے لوگ ہنزا اور نگر میں پچاس ہزار کی تعداد میں اور یٰسین میں اسّی ہزار کی تعداد میں موجود ہیں۔ ان کی اچھی خاصی تعداد گلگت میں بھی آباد ہے۔ لیکن یہ زبان چاروں طرف سے ایرانی اور ہند آریائی زبانوں سے گھری ہوئی ہے اور باہری دنیا کا دباؤ اس پر بڑھتا جا رہا ہے۔ چند دہائیوں میں اس زبان کے معدوم ہو جانے کا خدشہ ظاہر کیا جا رہا ہے۔ شمال مشرقی ہندوستان میں ایسا بہت سا بیش بہا لسانی ورثہ گم ہو رہا ہے۔ اس سے لاتعلق رہنا اجتماعی بے حسی کا غمّاز ہے۔

گرچہ ۱۹۹۰ کی دہائی سے ہی تحقیق و تفتیش کا جو سلسلہ شروع ہوا اس نے یہ واضح کر دیا کہ حیاتیاتی بوقلمونی کو نقصان پہنچانے والے عوامل، لسانی بوقلمونی کو تباہ کر کے لیے

بھی ذمہ دار ہیں۔ تحقیقات نے ان کے باہمی رشتہ کو واضح کردیا پھر بھی نہ تو UNESCO کے Universal Declaration on Cultural Diversity میں اور نہ ہی حیاتیاتی کنونشن میں اسے قابلِ اعتناء سمجھا گیا۔ یونیسکو کے ڈیکلیریشن کی دفعات ا تا ۷ میں کلچر کا ذکر جن معنوں میں کیا گیا ہے وہ لسانی تباہی کے بارے میں پائی جانے والی تشویش سے متعلق نہیں ہے۔

ہندوستان میں، کمشنر برائے لسانی اقلّیت نے بھی اپنی سالانہ رپورٹوں میں اسے اہمیت نہیں دی جبکہ یہ سراسر لسانی اقلّیت کا مسئلہ ہے۔ ایسے میں، جب مرکزی کابینہ کے سامنے نگویا پروٹوکول کی توثیق کا ایجنڈا آیا تو اس میں نہ تو لسانی بو قلمونی کو لاحق خطرات کا ذکر تھا اور نہ اس پر غور کیا گیا۔ یونین گورنمنٹ کی طرف سے جاری پریس نوٹ میں کہا گیا کہ ہندوستان ایک میگا بو قلمون خطّہ ہے جس میں متنوع حیاتیاتی مظاہر پائے جاتے ہیں اور یہ کہ "ہندوستان، دنیا کے محض ۲ء۴ برّی حصّہ پر مشتمل ہے مگر اس میں دنیا کے ۷ تا ۸ فیصد حیاتیاتی انواع موجود ہیں۔۔۔" لیکن جو بات نظر انداز کر دی گئی وہ یہ کہ دنیا کے بارہ میگا حیاتیاتی بو قلمون خطّہ میں سے دس لسانی اعتبار سے بھی میگا بو قلمون ہیں اور ہندوستان ان میں سے ایک ہے۔

یہ وہ پس منظر ہے جس میں لسانی ہجرت کے عمل کو دیکھا جانا چاہئے۔ جب کسی بھی زبان میں لسانی ہجرت کا عمل شروع ہوتا ہے تو نہ صرف یہ کہ عام لوگ دوسری بااختیار زبان کو اپنانے لگتے ہیں بلکہ اس کے بہترین اذہان اپنی دانشورانہ صلاحیتوں کا اظہار بھی اس زبان میں کرنے لگتے ہیں جو بااختیار اور پہلے سے ہی مالا مال ہوتی ہے۔ یہ ان کے لیے ذاتی منفعت کا ذریعہ بنتی ہے مگر ان کی اپنی زبان، دانشورانہ جوہر سے محروم ہوتی جاتی ہے۔ اب پطرس بخاری، عزیز احمد اور قرۃ العین حیدر جیسی صلاحیتوں کے لوگ اردو میں

لکھنے کے بجائے انگریزی جیسی بااختیار زبان میں لکھ کر زیادہ مالی فائدہ اور زیادہ شہرت حاصل کرنا چاہتے ہیں۔ یا وہ تمام سائنسداں، مورخ اور فلسفی جو اپنی مادری زبان میں اظہار کی قوّت رکھتے تھے اور اس میں لکھنا باعثِ فخر سمجھتے تھے، اس گروہ کے لوگ اب نہ تو مادری زبان میں قدرت رکھتے ہیں اور نہ ہی اس میں لکھنے کو ضروری سمجھتے ہیں؛ بلکہ سچ تو یہ ہے کہ اس طبقہ کے لوگ اپنی اولاد کو مادری زبان سکھانا بھی ضروری نہیں سمجھتے۔ ان گھرانوں کے بچّے انگریزی کو اپنی پہلی زبان کے طور پر پڑھتے ہیں۔ جو بچّے انگریزی کو پہلی زبان کے طور پر اپنانے کی استعداد نہیں رکھتے ان کے والدین بھی، کم از کم اس کی خواہش ضرور رکھتے ہیں اور کسی موقع کے متلاشی رہتے ہیں۔

یہ عمل اردو اور ہندی سمیت تمام ہندوستانی زبانوں میں جاری ہے؛ کسی میں کم کسی میں زیادہ۔ اس لیے اگر وجّیکا، میتھلی یا بھوجپوری میں کچھ کام ہو رہا ہے تو اس سے کی ترقّی تو ہوری ہے مگر یہ اس کی زندگی کی ضمانت نہیں ہے۔ اس کی زندگی کی ضمانت ہو سکتا ہے ایک تو اس کے بولنے والوں کا اس سے لگاؤ جو لسانی ہجرت میں سدّراہ ہو گا۔۔۔۔۔۔۔۔

مثلاً اس معاملہ میں بھوجپوری میں مزاحمت کی زیادہ صلاحیت ہے جس کے بولنے والے کئی نسل کے بعد اور اپنی اصل سرزمین سے کٹ جانے کے باوجود ماریشش، سوری نام اور فجی میں اپنی زبان سے چمٹے ہوئے ہیں اور اپنے روزمرّہ میں اس کا استعمال کرتے ہیں۔ مزاحمت کی یہ قوّت ہندی، اردو، وجّیکا یا میتھلی میں نظر نہیں آتی۔ ان کے بولنے والوں کی دوسری یا تیسری نسل بڑی آسانی سے کسی دوسری زبان میں ہجرت کر جاتی ہے۔۔۔۔۔۔ دوسری چیز جو اس کی زندگی کی ضمانت بن سکتی ہے وہ ہے سرکار کی توجّہ اور اس کے اندر لسانی بوقلمونی کی سمجھ کہ وہ ان زبانوں کو بااختیار بنانے میں اپنا کردار ادا

کرے۔ اس لیے وہ تمام کوششیں تو اہم ہیں جو وجّیکا یا دوسری زبان کے لوگ اپنی زبان کو ترقی دینے کے لیے کر رہے ہیں، مگر ان سب سے اہم ہے ان زبانوں کو تعلیم کی زبان بنانا، و نیز اسے لوگوں کی معاشی اور سیاسی سرگرمیوں سے جوڑنا؛ اور یہیں سے سرکار کی ذمہ داری شروع ہوتی ہے۔

دستورِ ہند میں واضح طور پر یہ التزام کیا گیا ہے کہ بچّے کو ابتدائی تعلیم اس کی مادری زبان میں ہی دی جائے۔ اس پر جو آدھا ادھورا عمل ہو رہا ہے، اس میں یہ گڑبڑی بھی شامل ہے کہ عملی طور پر، مادری زبان سے مراد لی جا رہی ہیں صرف وہ ۲۲ زبانیں جو دستورِ ہند کے آٹھویں شیڈیول میں درج ہیں۔ بقیہ زبانیں جن کے بولنے والے اسی ملک کے شہری ہیں وہ اس لسانی حق سے محروم ہیں۔

ہمارا جمہوری نظام ابھی عوام کی ضرورتوں اور تمنّاؤں کے سانچے میں اتنا نہیں ڈھلا ہے کہ ضلع کی سطح کے حکّام، عوام سے، اس کی بولی اور اس کی بھاشا میں ہم کلام ہو سکیں۔ چند حکّام اپنے علاقے کی زبان سیکھیں، اس کے بجائے عوام کی کثیر تعداد سے مطالبہ کیا جاتا ہے کہ وہ با اختیار سرکاری زبان سیکھیں اور اس میں حاکم کے سامنے درخواست گذار ہوں۔ حکّام کو اندازہ نہیں کہ مثلاً ایک میتھلی یا بھوجپوری بولنے والے عام آدمی کے لیے انگریزی تو کیا ہندی میں بھی درخواست لکھنا کتنا مشکل کام ہے؛ یا یہ کہ ان بولیوں کے بولنے والے گھرانے کے بچّے کو پہلی جماعت سے ہی ہندی یا انگریزی پڑھنے میں کن اذیتوں سے گزرنا پڑتا ہے۔ اگست ۱۹۶۱ میں ہونے والی وزرائے اعلیٰ کی کانفرنس میں اس بات پر اتفاق تھا کہ اگر کسی ضلع میں کسی زبان کے بولنے والوں کی تعداد ساٹھ فیصد سے زائد ہو تو اسے دوسری سرکاری زبان کا درجہ دیے دیا جائے پھر بھی عملی طور پر کوئی خاص پیش رفت نہیں ہو رہی ہے۔ مثال کے طور پر نکوباری زبان کے بولنے والوں کی تعداد نکو

بار ضلع میں ۲۸ ہزار ہے؛ یعنی یہ اس ضلع کی ۶۰ فیصد آبادی کی زبان ہے۔ کمشنر لسانی اقلیت نے سفارش کی کہ اسے اس ضلع میں سرکاری کام کاج کے لیے ایک اور زبان کی قانونی حیثیت دی جائے مگر کچھ نہیں ہوا۔ وہاں کی انتظامیہ کا کہنا ہے کہ اس نے انڈمان نکوبار میں اب تک کسی بھی مذہبی یا لسانی گروہ کو اقلیت کا درجہ نہیں دیا ہے؛ حالانکہ یہ مسئلہ ان کے ماننے یا نہ ماننے کا نہیں ہے بلکہ ایک دستوری حق ہے۔ گرچہ نکوباری میں تعلیم کا محدود انتظام ہے اور اس میں درخواست قبول کرلی جاتی ہے جس کا ترجمہ کر کے اس پر فیصلہ کیا جاتا ہے، پھر بھی اس زبان کو سرکاری کام کاج کی ایک اور زبان کی حیثیت نہیں دی جارہی ہے۔ جتنا کچھ نکوباری کو ملا ہے اتنا بھی وجّیکا یا بھوجپوری کو نہیں مل سکا۔

بہت سی زبانوں اور بولیوں کے ساتھ یہی کچھ ہو رہا ہے۔ سرکاری کارندوں کے ایسے جانب دارانہ رویہ کی وجہ سے، اب اگر ایک اردو والا یہ محسوس کرتا ہے کہ اردو میں لکھی گئی اس کی درخواست پر مناسب کارروائی نہیں ہوگی یا کارروائی میں تاخیر ہوگی تو وہ اس زبان کی طرف راغب ہوتا ہے جس میں بروقت کارروائی کا امکان زیادہ ہوتا ہے۔ یہیں سے لسانی ہجرت کا عمل شروع ہوتا ہے۔ اس کے لیے وہ پالیسی بھی ذمّہ دار ہے جس نے بعض زبانوں کو برتر مرتبہ عطا کر دیا ہے و نیز وہ غیر علمی فیصلہ بھی جس کے تحت بہت سی بولیوں کو ہندی کی بولی قرار دے کر اس کی آزادانہ نشو نما میں رکاوٹیں کھڑی کی گئی ہیں۔ ابھی زیادہ دن نہیں ہوئے جب میتھلی جیسی پرانی اور مکمل زبان کو ہندی کی بولی قرار دیا جاتا تھا۔ وجّیکا کے ساتھ یہ سلوک اب بھی جاری ہے۔ اردو زبان کی فلموں کو ہندی کا سرٹی فیکٹ عطا کیا جانا بھی اسی عمل کا حصّہ ہے۔

بااختیاری کے اس کھیل میں رسمِ خط کا بھی استعمال ہو رہا ہے۔ گریرسن کی رپورٹ بتاتی ہے کہ شمالی ہندوستان میں اردو کے بعد سب سے مستعمل رسمِ خط کیتھی تھا۔ عام

کہاوت تھی کہ بھوجپوری تو کیتھی میں ہی کھبُتی ہے۔ اس رسمِ خط کا نام و نشان لگ بھگ مٹا دیا گیا۔ اسی عمل میں میتھلی کا اپنا ترہتیا رسمِ خط بھی اس سے چھن گیا۔ یہ سب بلا وجہ نہیں ہوا۔ رسمِ خط کی تبدیلی کسی زبان کو نہ صرف اس کی تاریخی روایتوں سے جدا کرتی ہے اور بعض لسانی مسائل پیدا کرتی ہے بلکہ اس کی پہچان کو ختم کرنے میں معاون ہوتی ہے۔ یہ سب معاشی اور سیاسی برتری اور با اختیاری حاصل کرنے کے عمل کا حصّہ ہے۔ اس لیے زبان کے تحفّظ و ترقّی کی کوششوں میں ان تمام امور کو ذہن میں رکھنا چاہیے۔

Linguistic migration and its empowerment. Essay: Dr. Qaiser Shamim

***

۱۲

اردو افسانہ اور تہذیبی روایتیں

ڈاکٹر فضل اللہ مکرم

تہذیب، ایک پانچ حرفی لفظ ہے جس میں معنی و مفہوم کا ایک سمندر پوشیدہ ہے جو انسانی طرز حیات، رسم و رواج، فنون لطیفہ (ادب، فن تعمیر، موسیقی، سنگ تراشی اور مصوری)، سماجی رویہ، نشست و برخواست، آداب گفتگو، افکار و اذکار، مذہب و فلسفہ، معاشرت، انسان دوستی، روّیہ، برتاو غرض سب کچھ تہذیب کے بنیادی اجزاء ہیں۔ تہذیب و ثقافت قوموں کے تشخص کا اصل سر چشمہ ہیں۔

کسی بھی سماج کو تہذیب یافتہ بنانے میں زبان و ادب کا غیر معمولی کردار ہوتا ہے کہ زبان و ادب سے ہی نہ صرف رشتے استوار ہوتے ہیں بلکہ نسل در نسل منتقل بھی ہوتے رہتے ہیں کیوں کہ ادب سماج کا آئینہ ہوتا ہے اور ہر سماج کی اپنی ایک تہذیب ہوتی ہے۔ افسانہ، فسوں سے نکلا ہے مگر حقیقت کا آئینہ دار ہوتا ہے۔ اسی لیے پریم چند نے کہا تھا:

"تاریخ میں سب جھوٹ ہوتا ہے سوائے نام کے اور افسانہ میں سب سچ ہوتا ہے سوائے نام کے۔"

افسانہ یا کہانی کی بنیاد قصّہ ہے اور ہر قصّہ میں کوئی نہ کوئی کردار ہوتا ہے اور ہر کردار اپنے دور یا علاقہ یا زبان یا مذہب کی تہذیب و ثقافت کی نمائندگی کرتا ہے۔ پتہ نہیں کہانی

کہنے کا فن کس نے ایجاد کیا۔ جس گھر میں نانی یا دادی ماں ہوتی ہیں اس گھر میں کہانیاں سفر کرتی ہیں۔ یہ کہانیاں ان معصوم بچوں کی ذہنی آبیاری کرتی تھیں۔ ان میں شجاعت اور حوصلہ کا جوہر بھرتی تھیں۔ خاندانی رسم و رواج، آداب گفتگو، طرز زندگی غرض تہذیب و ثقافت کی لازوال دولت سے مالامال کرتی تھیں۔ ہمارے گھروں کی یہ عظیم خواتین اکثر ناخواندہ ہوتی ہیں مگر بچوں کو پڑھانے کا ہنر جانتی ہیں انہیں تہذیب و ثقافت سے جوڑنے کا فن جانتی ہیں مشکل حالات میں خود کو سنبھالنے اور ابھارنے کے داؤ پیچ سکھاتی ہیں۔ اب یہ سب کچھ افسانہ بن گئے ہیں۔ آخر اس کی کیا وجہ ہے کہ اگلے زمانے کے لوگ اکثر ناخواندہ ہوا کرتے تھے مگر ان کی اولادیں تہذیب یافتہ ہوا کرتی تھیں، آج ہم لوگ تعلیم یافتہ ہیں، کئی علمی ڈگریاں رکھتے ہیں اس کے باوجود آج کی نسل تہذیب و ثقافت سے کافی دور ہے۔۔۔! دراصل ہمارا موجودہ سماجی و خاندانی نظام کچھ اس انداز سے ابھرا ہے کہ بچوں کی تربیت کے لیے ہمارے پاس وقت ہی نہیں ہے اس کے علاوہ تعلیمی نظام کا یہ حال ہے کہ سوائے تہذیب و ثقافت کے سب کچھ پڑھایا جاتا ہے اور انہیں مقابلہ جاتی امتحانات کے لیے جھونک دیا جاتا ہے۔ اگر ہماری مائیں خصوصا دادی نانی ماں بچپن کی کہانیوں کی طرف توجہ دیں تو صورت حال تبدیل ہو سکتی ہے۔ کیوں کہ ان کہانیوں کے توسط سے تہذیب و ثقافت اور معاشرت کے بہت سے اصول و ضوابط سیکھے جاتے ہیں۔ اس طرح سے کہانی یا افسانہ تہذیبی روایتوں کی پاسداری میں بہت حد تک مدد و معاون ہو سکتا ہے۔

افسانہ کا بنیادی موضوع انسان ہے اور انسان سے جڑی ہوی ایک ایک شئے اس کے لوازمات ہیں اس لیے افسانہ سماجی حقیقتوں کو بہتر طور پر پیش کرتا ہے۔ پروفیسر قمر رئیس کا خیال ہے کہ ہر ادبی تخلیق خواہ وہ کسی بھی باطنی تجزیے یا داخلی حقیقت کا اظہار ہو، اس کا

پیرایۂ بیان کتنا ہی نازک اور تہہ دار ہو کسی نہ کسی سماجی صورت حال کا عکس ہوتی ہے اس پر تبصرہ بھی ہوتی ہے اور اس کی تفسیر بھی تنقید بھی" (تلاش و توازن ص ۹)

افسانہ سماجی حقیقت نگاری اور تہذیب و ثقافت کی پیش کشی کا سب سے بڑا وسیلہ ہے اس مختصر سے مقالے میں صرف دو چار افسانہ نگاروں کا ہی تذکرہ کیا جاسکتا ہے جنھوں نے افسانوں کے ذریعے تہذیبی روایتوں کو آگے بڑھایا۔ اردو افسانے میں سماجی حقائق کو سب سے پہلے پیش کرنے والے منشی پریم چند ہیں۔ جنھوں نے شمالی ہند کے دیہاتی معاشرے کی خوبیوں اور خامیوں کو افسانوں کا موضوع بنایا جس کے توسط سے اس دور کی زبان، تہذیب، تمدن، مذہب، عقیدہ، رہن سہن حتٰی کہ طبقاتی

کشمکش سماجی ناہمواریاں دیکھنے کو ملتی ہیں۔ محض سماجی حقیقت نگاری کے بل بوتے پر ہی پریم چند نے اردو افسانہ پر چار دہوں تک حکمرانی کی ہے۔ ان کا ایک مشہور افسانہ "نجات" کا ایک اقتباس ملاحظہ ہو جس میں ہندوستانی تہذیب و تمدن کے مختلف مظاہر دیکھے جاسکتے ہیں۔

" پنڈتانی چمٹے سے پکڑ کر آگ لائی تھیں۔ انہوں نے پانچ ہاتھ کے فاصلہ پر گھونگھٹ کی

آڑ سے دکھی کی طرف آگ پھینکی۔ ایک بڑی سے چنگاری اس کے سر پر پڑی۔ جلدی

سے پیچھے ہٹ کر جھاڑنے لگا۔ اس کے دل نے کہا۔ یہ ایک پاک برہمن کے گھر کن ناپاک

کرنے کا نتیجہ ہے۔ بھگوان نے کتنی جلدی سزا دے دی۔ اسی لیے تو دنیا پنڈتوں سے ڈرتی

ہے اور سب کے روپے مارے جاتے ہیں۔ برہمن کے روپے کوئی مار تو لے۔ گھر بھر کا ستیاناس ہو جائے۔ ہاتھ پاؤں گل گل کر گرنے لگیں۔"

پریم چند کے بعد بیشتر افسانہ نگاروں نے ان کی روایات کو برقرار رکھا۔ کرشن چندر، ترقی پسند تحریک کا سب سے بڑا افسانہ نگار اور مبلغ ہے انہوں نے سماج کے نہایت اہم اور سلگتے ہوئے مسائل کو افسانوں میں پیش کیا۔ ان کا ایک مشہور افسانہ "کالو بھنگی" ہے جس کا ایک اقتباس یہاں نقل کیا جارہا ہے جو بظاہر آمدنی وخرچ کا بہی کھاتہ لگتا ہے مگر اس کے توسط سے کرشن چندر نے ایک مخصوص طبقے کی تہذیبی، وثقافتی اور معاشرتی سچّائیاں بیان کی ہیں۔

"اچھا یہ بتاؤ تم تنخواہ لے کر کیا کرتے ہو؟ ہم نے دوسرا سوال پوچھا۔

تنخواہ لے کر کیا کرتا ہوں۔ وہ سوچنے لگتا۔ آٹھ روپے ملتے ہیں۔ وہ انگلیوں پر گننے لگتا ہے "چار روپے کا آٹا لاتا ہوں۔۔۔ ایک روپے کا نمک، ایک روپے کا تمباکو۔۔۔ آٹھ آنے کی چائے، چار آنے کا گڑ، چار آنے کا مصالحہ، کتنے روپے ہوگئے چھوٹے صاحب"۔ "سات روپے" ہاں سات روپے۔۔۔ ہر مہینے ایک روپیہ بنیے کو دیتا ہوں۔ اس سے کپڑے سلوانے کے لیے روپے کرج لیتا ہوں۔ سال میں دو جوڑے تو ہونے چاہئیں۔ کمبل تو میرے پاس ہے۔ خیر۔ لیکن دو جوڑے تو ہونے چاہئیں اور چھوٹے صاحب، کہیں بڑے صاحب تنخواہ میں ایک روپیہ بڑھادیں تو مزہ آجائے گا۔"

وہ کیسے؟

گھی لاؤں گا ایک روپے کا اور مکی کے پراٹھے کھاوں گا، کبھی پراٹھے نہیں کھاے، مالک۔ بڑا جی چاہتا ہے"

محمد سعادت حسن منٹوؔ، اردو افسانے کا سب سے بڑا نام ہے۔ منٹو نے کئی ایک

افسانے لکھے جو بدنام یا مشہور ہوئے۔ آج منٹو کو گزرے ہوئے اٹھاون سال بیت گئے۔ وقت کا تقاضہ یہی ہے کہ آج پھر سے منٹو کا مطالعہ کیا جائے کیوں کہ ان افسانوں سے کہیں زیادہ جنسی بے باکی اور فحش نگاری ہم افراد خاندان کے ساتھ بیٹھ کر فلم، سیریلس اور اشتہارات میں دیکھنے کے عادی ہو چکے ہیں۔ اور اس پر کسی کو کوئی اعتراض نہیں ہوتا شائد یہی وجہ ہے کہ ہم منٹو صدی منانے پر مجبور ہوئے ہیں اور اب منٹو بدنام نہیں بلکہ مشہور ہوا ہے۔ منٹو کی لفظیات پر کسی کو اعتراض ہو سکتا ہے مگر افسانوں کے تھیم پر نہیں۔

منٹو بنیادی طور پر طوائفوں کا وکیل ہے۔ اور طوائف تو ہماری تہذیب کا ایک لافانی جزر ہا ہے تبھی تو لکھنو کے روساء و امراء اپنے بچوں کو تہذیب و معاشرت سکھانے کے لیے طوائفوں کے کوٹھے پر بھجوایا کرتے تھے۔ منٹو کا کہنا ہے کہ ہر عورت ویشیا نہیں ہوتی مگر ہر ویشیا عورت ہوتی ہے۔ "بابو گوپی ناتھ" ایک ایسی طوائف کی کہانی ہے جو کئی افراد کے ساتھ زندگی گزارتی ہے مگر اس کے دل میں دلہن بننے کی خواہش اپنی جگہ بر قرار رہتی ہے۔ "کالی شلوار" ایک ایسی عورت کا افسانہ ہے جو جسم فروش ہے مگر محرم کے موقع پر وہ سوگ مناتی ہے اور کالی شلوار زیبِ تن کرنا چاہتی ہے۔ "ہتک" میں سوگندی ایک ایسے کردار کا نام ہے جو طوائف ہے۔ جسم فروشی کا کاروبار کرتی ہے مگر اپنے حسن کی تذلیل برداشت نہیں کرتی۔ "ٹھنڈا گوشت" ایک ایسے شخص کی کہانی ہے جو وحشی ہے۔ عورتوں کا رسیّا ہے مگر انسانیت کا چھوٹا سا جذبہ اس کے دل میں بھی موجود ہے جب اسے اس بات کا احساس ہوتا ہے کہ وہ ایک سوئی ہوئی لڑکی سے نہیں بلکہ لڑکی کی لاش سے منہ کالا کیا ہے تو اس کی ساری مردانگی ہمیشہ کے لیے کافور ہو جاتی ہے۔ "کھول دو" ان شرفاء کی کہانی ہے جو ملک کے بٹوارے کے بعد رفیوجی کیمپوں میں رفاہی کام انجام دیتے ہیں مگر اپنے ہی

قوم کی کوئی حسین لڑکی مل جاے ہے تو اس کی متواتر عزت لوٹنے میں کوئی غیرت محسوس نہیں کرتے۔ یہ افسانہ تہذیبی اقدار کی پامالی کی بہترین مثال ہے۔ نفرت اور انتقام ،۔۔۔ یہ۔ دو منفی جذبے ہیں جب کسی انسان میں پیدا ہوتے ہیں تو اسے پتہ ہی نہیں چلتا کہ وہ کب انسان سے حیوان بن گیا ہے۔

عصمت چغتائی نے بھی متوسط عورتوں کے نفسیاتی الجھنوں پر افسانے لکھ کر مسلم سماج کی چند پوشیدہ حقیقتوں کو بیان کیا ہے۔ البتہ راجندر سنگھ بیدی نے اپنے افسانوں کے ذریعے ہندوستانی تہذیب و ثقافت اور ان کی روایتوں کو فنی نقطہ نظر سے پیش کیا ہے۔ انہوں نے بڑے معرکہ کے نفسیاتی افسانے لکھے۔ قراۃ العین حیدر، اردو کی ایک جینئس افسانہ نگار ہے انہوں نے نہایت باریک بینی سے سماج کا مطالعہ کیا اور اپنے کرداروں کے توسط سے سماجی حقیقتوں کو پیش کیا۔ دیش کی آزادی یا بٹورے کے دوران جو کچھ ہوا اس کو اردو افسانہ نے ہمیشہ ہمیشہ کے لیے محفوظ کر لیا ہے۔ عصر حاضر کے افسانے بھی دور حاضر کی تہذیب و تمدن کے آئینہ دار ہیں اور ہمیشہ ہمیشہ اپنی تہذیبی روایتوں سے رشتے استوار کرتے رہیں گے۔

Urdu fiction and cultural traditions. Essay: Dr. Syed Fazlullah Mukarram

***

۱۳

فرمائشی تبصرے اور تنقید بگاڑ کا سبب بنتے ہیں

اشتیاق طالب

تنقید ادب میں معیار کی تلاش کا نام ہے۔ کسی فن پارے کے معیار کا تعین کرنے میں مشکل مراحل سے گزرنا پڑتا ہے۔ یہ کام اتنا آسان نہیں جتنا سمجھ لیا جاتا ہے۔ تنقید نگار کو دھرا کام کرنا پڑتا ہے، ایک تو شعر و ادب کے رموز و اسرار، لوازم اور مسلمات سے آگہی ضروری ہے۔ اصولوں اور ضابطوں سے واقفیت بھی۔ مجموعی طور پر شاعری اور خاص طور پر غزلیہ شاعری پر تنقید کے سلسلے میں اس لئے محتاط ہونا لازمی ہے کہ اس میں جس قدر نزاکتوں اور علامتوں سے کام لیا جاتا ہے، ان پر گہری نظر رکھنا پڑتی ہے ورنہ قدم قدم پر ٹھوکریں کھانا پڑیں گی اور تنقید کا حق بھی ادا نہیں ہو گا۔ دوسرے یہ کہ الفاظ کے تہہ در تہہ معنی پر بھی نظر رکھنا ہو گی۔ عرض و بحور کا خیال، شعری رموز اور شعریت، اظہار بیان، الفاظ کی نشست و برخاست کے ساتھ موضوع اور متن کو بھی پرکھنا ہو گا تب کہیں تنقید کا کسی حد تک حق ادا ہو سکتا ہے۔ ورنہ ہر شخص بہ آسانی دو چار لائین لکھ کر تنقید نگاروں کی صف میں بہ زعم خود آ کھڑا ہو گا جیسا کہ ان دنوں بالعموم ہو رہا ہے۔ لکھنے والے ایک دو غزلیں، دو چار نظمیں یا ایک آدھ افسانہ لکھ کر شاعر یا افسانہ نگار بن جاتے ہیں یا کہانی کی ڈرامائی تشکیل کر کے ڈراما نگار۔ جس طرح دوسرے عوامل ادب میں

مسائل پیدا کرنے اور تنزل کی طرف لے جانے کا سبب بنتے ہیں، اسی طرح چند کو چھوڑ کر ہمارے تنقید نگار بھی برابر کا کردار ادا کر رہے ہیں۔

آئے دن شعری مجموعوں کی رونمائیاں ہوتی ہیں اور ان پر اظہار خیال ہمارے ناقدین ہی فرماتے ہیں، چاہے وہ مجموعے کسی بھی نوعیت کے کیوں نہ ہو، ان کی فکر و فلسفہ، زبان کی پختگی، اظہار و بیان کی چاشنی اور لطافت، خیال میں ندرت، الفاظ کا صحیح انتخاب، نشست و برخاست، در و بست، سلیقے اور ہنر مندی سے ہوا ہو یا نہ ہوا، ناقدین، صاحب کتاب کو آسمان ادب کا آفتاب نہیں تو روشن ستارہ ضرور بنا دیتے ہیں۔ ایسا کرنے میں وہ کوئی عار محسوس کرتے ہیں اور نہ ہچکچاہٹ۔

جہاں کچھ نام نہاد ادیب اور شاعر ادب میں مسائل اور خرابیاں پیدا کرنے کا سبب بنتے ہیں وہیں ایسے ناقدین بھی کسی سے پیچھے نہیں رہتے جو تنقید کے اصول و ضوابط سے بھی نابلد ہوتے ہیں اور فن پارے میں موجود اسقام اور اغلاط کی نشاندہی نہ کر کے شعر و ادب میں رطب و یابس اور جھاڑ جھنکار پیدا کرنے اور پھیلانے کے ذمہ دار ہوتے ہیں۔ دوسری ایک اور وجہ یہ ہے کہ آج عملی تنقید کا فقدان ہے۔ ہماری تنقید عملی تنقید سے بے بہرہ ہو چکی ہے۔ اس کا ایک سبب (معذرت کے ساتھ) تو یہ ہے کہ ہمارے اکثر ناقدین عرض و بحور اور اوزان وغیرہ سے بڑی حد تک ناواقف ہوتے ہیں اور الفاظ کے در و بست اور صحیح انتخاب سے بھی۔ تو پھر وہ کسی فن پارے پر لکھتے ہوئے کسی طرح ان باریکیوں، نزاکتوں اور تہہ در تہہ معنی کا خیال رکھ سکتے ہیں اور ان پر کسی طرح ناقدانہ اظہار خیال فرما سکتے ہیں؟ اس طرح نہ تو تنقید کا حق ادا ہوتا ہے اور نہ فن پارے کے ساتھ انصاف۔

غزلیہ شاعری پر تنقید کرتے ہوئے کچھ ناقدین غزل پر طرح طرح کے الزام لگاتے ہیں اور خاص کر تنگنائے غزل کا رونا روتے ہیں۔ حالا کہ ایسا نہیں ہے۔ غزل لامحدود اور

لامتناہی ہو چکی ہے۔ آج غزل پوری کائنات کا احاطہ کئے ہوئے ہے۔ زندگی کا کون سا گوشہ اور موضوع ہے جسے غزل میں نہیں سمویا جا سکتا یا نہیں سمویا گیا۔ یہ تو شاعر کی ذات، اس کی فکر، زاویہ نظر اور مشاہدے پر منحصر ہے کہ وہ کس طرح موضوع کو شعر کے قالب میں ڈھالتا اور اپنے انداز بیان سے کتنا دلکش اور جاذب نظر بناتا ہے۔ غزل کے بارے میں اور عام طور پر شاعری کے بارے میں کہا گیا ہے کہ شعر کی اصل بنیاد جذبات و خیالات ہوتے ہیں۔ اگر ان کے ساتھ احساسات، فکر اور پیرایہ اظہار ک بھی شامل کر لیا جائے تو اچھی اور بڑی شاعری کے امکانات پیدا ہونے کی توقع کی جا سکتی ہے، حالانکہ فلسفیانہ اور اصلاحی موضوعات بڑی اہمیت کے حامل ہوتے ہیں لیکن بنیادی بات فن شاعری ہے جس میں فکر و خیال، حسن بیان، موضوع کا انتخاب، ہے ئت، اسلوب، الفاظ کا در و بست اور زبان کے حسن و قبح کا خیال رکھنا ضروری ہے۔ اس کے ساتھ شاعر کی فکری سطح، مطالعہ، ذہانت اور شاعرانہ مزاج بھی شاعری کو نکھارنے اور سنوارنے میں معاون ثابت ہوتے ہیں۔ تشبیہات و استعارات سے شاعری اور خاص طور سے غزل کی شاعری میں وسعت پیدا ہوتی ہے اور خوبصورت تراکیب اس کے حسن میں اضافہ کرتی ہیں۔ دور از کار تشبیہات و استعارات شاعری کو بھی لے ڈوبتے ہیں۔

غزل کی شاعری کے بارے میں لکھتے ہوئے یہ فرمودہ بھی قابل ذکر ہے کہ غزل کے کچھ آداب ہوتے ہیں، اس کی اپنی ایک تہذیبی سطح بھی ہوتی ہے اور کچھ اصول و ضوابط بھی۔ غزل، تفصیل اور تفسیر کا نام نہیں، اختصار و ایمائیت کا نام ہے یا یوں کہہ لیجئے غزل محرمانہ یا زیر لب گفتگو کا نام ہے اس لئے اشارے کنائے، استعارات و تشبیہات اور خوبصورت تراکیب اس کی وسعت میں اضافے کا سبب بنتی ہیں۔ غزل میں شعریت اور حسن بیان بھی بڑی اہمیت رکھتے ہیں یعنی غزل میں تغزل کی شان، فکر و فلسفے اور خیال کی

رنگ برنگی قندیلیں روشن نہ ہوں، احساسات و جذبات کا زیر و بم اور بیان میں حسن اور بانکپن نہ ہو تو اُسے غزل کہنا سراسر زیادتی اور ناانصافی ہوگی۔ حسن بیان ہی سے شعریت اور شعر میں خوبصورتی پیدا ہوتی ہے۔ سنگلاخ زمینوں میں شعر کہنے والا پر گو اور قادر الکلام، عمدہ نظم نگار اور قصیدہ گو تو ہو سکتا ہےلیکن غزل کا اچھا شاعر نہیں ہو سکتا کیونکہ غزل تو آبگینے کی طرح ہوتی ہے۔

ہمارے ناقدین کا فرض ہے کہ وہ اپنے خیالات کا اظہار کرتے وقت ان مسلمات اور لوازم کے ساتھ قواعد و ضوابط کا بھی خیال رکھیں۔ شاعری اور خاص طور پر غزلیہ شاعری پر تنقید کرتے ہوئے جہاں محاسن کی نشاندہی کی جاتی ہے وہیں کوتاہیوں، غلطیوں اور فنی معاملات کی طرف بھی اشارہ کرنا ضروری ہے تاکہ شاعر خود بھی اپنی اصلاح کر سکے اور اپنی خداداد صلاحیتوں کو نکھارنے میں اپنا کردار ادا کر سکے۔ خرابیوں کے پیدا ہونے کا اُس وقت زیادہ امکان ہوتا ہے جب کسی فن پارے پر اظہار خیال کرتے ہوئے دوستی نبھائی جائے۔ فرمائشی تبصرے اور تنقید، شعر و ادب میں بگاڑ کا سبب بنتے ہیں۔ ایسے ناقدین نہ صرف شاعری بلکہ شاعر کے ساتھ بھی ظلم کرتے ہیں اور تنقید کا حق ادا نہیں کرتے۔

The impairment of ordered reviews and criticism

***

ادب و ثقافت پر منتخب مضامین کا ایک اور مجموعہ

اردو ادب و ثقافت: منظر نامے

(حصہ: ۲)

مرتبہ : مکرم نیاز

بین الاقوامی ایڈیشن جلد منظر عام پر آ رہا ہے